高校体育课程思政建设的理论与实践研究

——以瑜伽课程为例

甄嫒圆 著

天 津

图书在版编目(CIP)数据

高校体育课程思政建设的理论与实践研究：以瑜伽课程为例 / 甄媛圆著. —天津：南开大学出版社，2024.8. —ISBN 978-7-310-06622-3

Ⅰ.G807.4;G641

中国国家版本馆 CIP 数据核字第 2024G9H894 号

版权所有　侵权必究

高校体育课程思政建设的理论与实践研究——以瑜伽课程为例
GAOXIAO TIYU KECHENG SIZHENG JIANSHE DE LILUN
YU SHIJIAN YANJIU——YI YUJIA KECHENG WEI LI

南开大学出版社出版发行
出版人：王　康
地址：天津市南开区卫津路 94 号　邮政编码：300071
营销部电话：(022)23508339　营销部传真：(022)23508542
https://nkup.nankai.edu.cn

天津泰宇印务有限公司印刷　全国各地新华书店经销
2024 年 8 月第 1 版　2024 年 8 月第 1 次印刷
240×170 毫米　16 开本　13 印张　2 插页　200 千字
定价:68.00 元

如遇图书印装质量问题，请与本社营销部联系调换，电话:(022)23508339

目 录

第一部分 理论篇

第一章 高校体育课程思政建设的背景 …………………………………… 3
    第一节 问题的提出 ……………………………………………………… 3
    第二节 高校体育课程思政建设的价值 ………………………………… 5
第二章 高校体育课程思政建设的现状 …………………………………… 8
    第一节 高校体育课程思政研究现状 …………………………………… 8
    第二节 高校体育课程思政实践推行现状 …………………………… 11
第三章 高校体育课程思政的内涵及特点 ……………………………… 13
    第一节 高校体育课程思政的内涵 …………………………………… 13
    第二节 高校体育课程思政的特点 …………………………………… 14
第四章 高校体育课程思政的内容体系 ………………………………… 18
    第一节 国家意识与爱国主义教育 …………………………………… 18
    第二节 集体主义与团队精神 ………………………………………… 19
    第三节 公平与正义意识 ……………………………………………… 20
    第四节 健康意识与积极的生活方式 ………………………………… 22
    第五节 精神文明与道德修养 ………………………………………… 23
    第六节 社会责任感与公益意识 ……………………………………… 24
    第七节 思辨能力和创新能力 ………………………………………… 26
    第八节 心理健康与情绪管理 ………………………………………… 27
第五章 高校体育课程思政建设面临的现实困境 ……………………… 29
    第一节 体育教师课程思政建设意愿和能力欠缺 …………………… 29
    第二节 体育课程思政实施路径创新性不足 ………………………… 31
    第三节 体育课程思政评价体系不完善 ……………………………… 32
    第四节 教材和教学资源更新滞后、可借鉴资源有限 ……………… 33
第六章 高校体育课程思政建设的理论支撑与践行向度 ……………… 35

第一节　高校体育课程思政建设相关理论支撑…………………35
第二节　高校体育课程思政建设的践行向度…………………41

第二部分　实践篇

第七章　高校体育课程思政元素的挖掘……………………………51
　　第一节　高校体育课程思政元素的挖掘路径…………………51
　　第二节　高校体育课程思政元素挖掘的方式方法……………53
　　第三节　案例：瑜伽课程思政元素的挖掘……………………54
第八章　高校体育课程思政元素的融入……………………………60
　　第一节　高校体育课程思政元素融入的原则…………………60
　　第二节　高校体育课程思政元素融入的路径…………………63
　　第三节　案例：瑜伽课程思政元素的融入……………………66
第九章　高校体育课程思政效果的评价……………………………69
　　第一节　高校体育课程思政评价的目的与侧重点……………69
　　第二节　高校体育课程思政效果评价方式方法………………72
　　第三节　案例：瑜伽课程思政效果评价………………………75

第三部分　分享篇

第十章　瑜伽课程思政相关教学资源………………………………79
　　第一节　瑜伽课程思政教学大纲………………………………79
　　第二节　瑜伽课程思政教学方案案例…………………………89
　　第三节　20个瑜伽课程思政教学主题模板……………………95
　　第四节　30个课程思政冥想主题………………………………123
第十一章　其他体育课程思政教学资源分享………………………162
　　第一节　基于项群训练理论提炼聚类思政元素………………162
　　第二节　16门体育课程思政教学设计案例……………………164
　　第三节　11门体育课程思政教学方案案例……………………188
参考文献…………………………………………………………………199

第一部分　理论篇

第一章　高校体育课程思政建设的背景

第一节　问题的提出

高校立身之本在于立德树人。"课程思政"改革创新是国家发展战略的要求，也是教育的根本，内涵丰富且立意深远。在过去很长一段时间里，高校的思想政治课程承担思想政治教育的功能，专业课主要传授专业知识与技能，思政教学与专业教学二者之间的功能是割裂的。针对这种现象，上海从2014年开始，在全国率先开展"课程思政"试点改革。上海的做法为构建以思政课为核心，各类课程与思政课同向同行、形成协同效应的思想政治理论教育课程体系提供了一套有价值、可推广的"上海经验"，得到了教育部的充分肯定。2016年，习近平总书记在全国高校思想政治会议上强调要坚持把立德树人作为中心环节，2017年5月，中共中央办公厅、国务院办公厅印发《关于深化教育体制机制改革的意见》，第一次把"课程思政"写入中央文件，要求"充分发挥各门课程中的德育内涵，加强德育课程、思政课程，注重学科德育、课程思政"，自此全国开始大力推广课程思政，课程思政从上海实践上升为国家部署。2017年12月，教育部又颁布了《高校思想政治工作质量提升工程实施纲要》，文件中提出："大力推动以'课程思政'为目标的课堂教学改革……梳理各门专业课程所蕴含的思想政治教育元素和所承载的思想政治教育功能……实现思想政治教育与知识体系教育的有机统一。"2018年，教育部发布《关于加快建设高水平本科教育　全面提高人才培养能力的意见》，指出要全面落实"立德树人"的根本要求，推进和加强"课程思政"建设的力度。2020年6月，教育部印发《高等学校课程思政建设指导纲要》指出："把思想政治教育贯穿人才培养体系，全面推进高校课程思政建设，发挥好每门课程的育人作用，提高高校人才培养质量。"在一系列政策的推动下，近年来，各高校把课程思政作为人才培养的一项重要任务来抓，整体推进、内外协同，全国的高校课程思政建设都进入了全面推进的快车道，有力提升了人才培养的质量。

高校体育课程作为高等教育基础性课程，其培养"身心健全的人"的育人指向与课程思政倡导培养"德智体美全面发展的社会主义建设者和接班人"的价值指向一致，是高校落实立德树人根本任务、提升大学生思政素养的重要途径。2020年，中共中央办公厅、国务院办公厅颁布了《关于全面加强和改进新时代学校体育工作的意见》，明确指出："学校体育是实现立德树人根本任务、提升学生综合素质的基础性工程，是加快推进教育现代化、建设教育强国和体育强国的重要工作，对于弘扬社会主义核心价值观，培养学生爱国主义、集体主义、社会主义精神和奋发向上、顽强拼搏的意志品质，实现以体育智、以体育心具有独特功能。"文件对学校体育的育人价值给予了高度的肯定，也为高校体育课程思政建设的育人方向给予了指导。近三年来，学术界掀起了高校体育课程思政研究的热潮，在实践推行层面，全国大部分高校也开始积极探索可行方案。

然而，较之其他学科课程思政建设的情况，体育学科的课程思政建设起步较晚，发展较慢，目前总体来说还处于探索阶段。究其原因，既有对体育课程思政理论认识不充分，也有诸多实践推行之难，如在思想认识层面，对什么是课程思政、为什么要进行课程思政、如何进行课程思政存在很多困惑；在实践层面，存在体育课程思政资源挖掘和实践路径不清、方法缺乏创新、考核标准和评价体系不足等问题。尤其是对于广大体育教育从业者而言，如何挖掘提炼出与课程高度契合的思政元素、如何将这些元素合理地融入到专业课程之中、如何对课程思政进行有效评价，都是迫在眉睫的现实难题。基于此，本书旨在从理论层面就体育课程思政建设的背景、价值、特点、内容、问题及对策进行系统梳理和阐述，从实践层面就体育课程思政元素挖掘、融入和评价的路径及方式方法进行论述，并以瑜伽课为案例，详述如何结合具体课程将这些方式方法运用其中。本书第三部分分享了瑜伽及部分其他体育项目进行课程思政的教学资源，旨在为高校体育教师的课程思政建设落到实处提供可借鉴的经验，也为推进高校体育教学改革、落实立德树人的教育任务提供参考依据。

第二节　高校体育课程思政建设的价值

一、落实立德树人教育任务的重要育人渠道

党的十八大以来，习近平总书记多次强调培养什么人、怎样培养人和为谁培养人是教育的根本问题。在全国教育大会上，习近平总书记明确坚定地指出，培养什么人是教育的首要问题，我国是中国共产党领导的社会主义国家，这就决定了必须把培养德智体美劳全面发展的社会主义建设者和接班人作为根本任务。高校应将立德树人作为立身之本，将课程育人作为高校育人的主渠道，为此，要让教师充分认识到所有课堂都有育人功能，不能把思想政治工作只当作思想政治理论课的事，其他各门课都要守好一段渠、种好责任田。要把做人做事的基本道理、把社会主义核心价值观的要求、把实现民族复兴的理想和责任融入各类课程教学之中。高校体育课程作为高等教育基础性课程，其课程目标不仅仅作用于人的身体素质、运动技能的提高，还关乎人的心理健康与社会适应的提升，这种培养"身心健全的人"的育人指向与课程思政倡导培养"德智体美全面发展的社会主义建设者和接班人"的价值取向一致。高校体育课程思政建设为推动体育课程发挥思政功能，让学生在体育知识的学习和运动技能的练习中实现价值观、人生观和世界观的塑造，提供了一条可能且可行的新路径，是高校落实立德树人根本任务的重要途径。

二、促进大学生全面发展的重要方式

体育是一个蕴含课程思政元素的富矿，任何体育项目中都包含着体育特有的思政元素。体育课程既是培养学生体质和技能的重要途径，同时也是塑造学生品德和价值观的有效平台。通过体育课程思政的有机融合，可以实现学生在身体、智力、情感和道德等方面的全面发展。

首先，体育是促进大学生德智体美全面发展的基础。体育课程不仅提供了丰富多样的运动和锻炼机会，帮助学生养成良好的锻炼习惯和提高身体素质。同时，通过体育课程思政的引导，学生能够认识到身体健康与全面发展的密切关系，养成积极健康的生活方式。其次，体育课程思政有助于培养学生的团队合作精神和协作能力。体育课程中的集体活动和团队竞技，可以培养学生的团队合作意识和沟通协作能力。学生通过团队合作的体验，能够感受到共同协作的重要性，并培养互助友爱、团结协作的品质。此外，体育课程思政还能够引导学生树立正确的价值观和道德观念。通过体育课程的教学实践，学生可以体验公平竞争、团队合作、诚实守信等道德价值的重要性。体育教师还可通过案例培养学生的爱国热情，如女排"团结协作是基石""爱国奉献是核心"的精神、乒乓球队"胸怀祖国、放眼世界、为国争光的精神""同心同德、团结战斗的集体主义精神"等。最后，体育课程思政能够激发学生的创新思维和创造力。体育活动的多样性和挑战性能够激发学生的创新意识和解决问题的能力。体育课程思政通过培养学生的创新思维和创造力，可以为其终身学习和职业发展打下坚实基础。

总之，体育课程思政是促进大学生全面发展的重要方式。它不仅促进学生的身体健康，还促进团队合作，塑造正确的价值观和培养创新能力。因此，在高校教育中应重视体育课程思政的实施和推广，为学生的全面发展提供全方位的支持和引导。

三、培育体育学科核心素养的重要途径

学科核心素养作为学生通过系统化课程学习所形成的具有学科特质的关键能力与持久素养，既是核心素养在学科层面的具体表征，也集中体现了学科教育的核心价值。2022年4月教育部颁布的《义务教育体育与健康课程标准（2022年版）》明确指出，体育与健康课程着力培养的核心素养体系包含运动能力、健康行为与体育品德三大维度，这既是体育课程育人价值的核心载体，也是新时代推进"立德树人"根本任务在体育教育领域的实践方案。

在课程改革背景下，体育学科核心素养的培育呈现双重创新价值：其一，通过构建"运动能力-健康行为-体育品德"三位一体的素养框架，系统重构了体育课程的价值维度；其二，为体育课程思政建设提供了结构化实施路径。特别值得关注的是，体育品德作为核心素养体系的关键要素，与课程思政强调的育人目标具有本质契合性——二者在价值导向上共同指向人格塑造，在实施路径上均强调隐性教育，在培养目标上均注重知行合一。

体育课程思政建设通过系统挖掘体育教学过程中的德育元素，经过"识别-整合-转化"的三阶处理机制，将爱国主义、团队精神、规则意识等思政要素有机融入不同学段的课程设计，形成素养培育与价值引领的协同效应。这种融合创新不仅丰富了体育学科核心素养的培育手段，更通过价值渗透与行为养成的双向互动，显著提升了学生体育品德的发展效能。实践表明，将课程思政理念深度融入核心素养培养体系，能够有效突破传统体育教学中技能传授与品德培养"两张皮"的困境，为新时代体育教育的改革创新提供重要实践路径。

第二章　高校体育课程思政建设的现状

尽管我国课程思政建设从理念提出（2004年）到规范实施（2020年）再到逐步深化（至今）已走过20多个年头，但体育课程思政建设的学术研究和实践推行自2020年以来才进入快速发展阶段。这个时期既取得了一些成就，也产生了不少问题。

第一节　高校体育课程思政研究现状

在体育课程思政的学术研究方面，截至2023年3月6日，在知网中以"体育课程思政"为主题进行检索共有991篇相关论文，从发表时间来看，2015年出现了第一篇相关文献，但发文量从2020年开始成倍激增且热度不减（发文量见图2-1），其中以武汉体育学院的赵富学团队、华东师范大学的董翠香及团队的研究较为深入系统。这些研究大部分集中在对体育课程思政建设的理论内涵、现实问题及实践向度的阐释（研究主题详见图2-2），基本循着为什么要进行体育课程思政、体育课程思政是什么以及体育课程思政如何开展的逻辑思路展开，整体研究随着时间推移呈现出从宏观的理论探讨向中观、微观的实践探索方向发展的趋势。

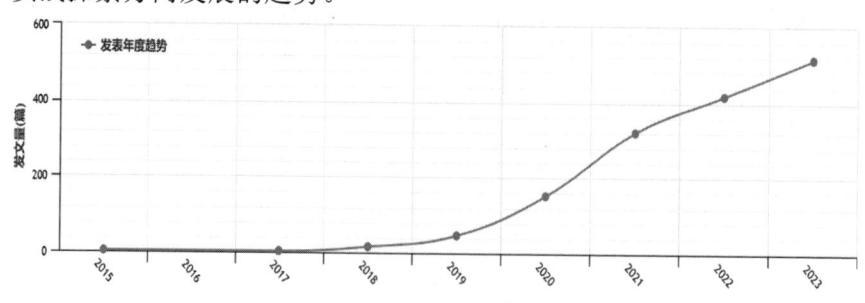

图2-1　体育课程思政发文量趋势图

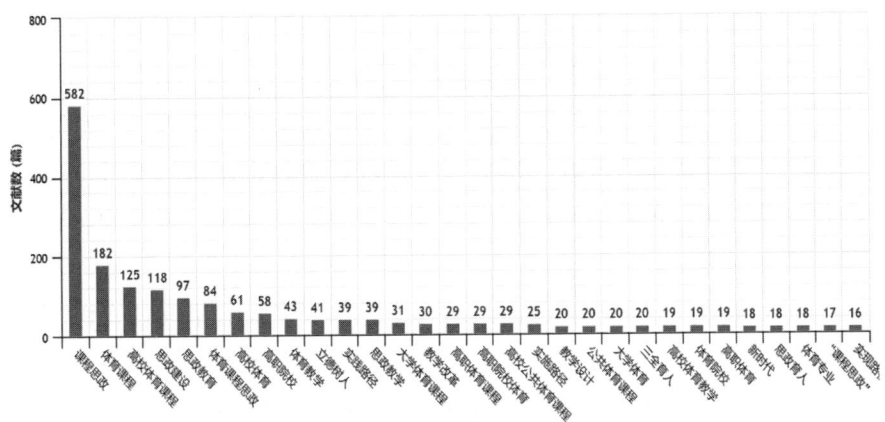

图 2-2　体育课程思政研究主题分布

对于体育课程为什么能承担思政育人的功能，有学者从体育课程本身的育人特性和优势的视角开展分析，认为体育作为"五育并举"的重要组成部分，可以树德、增智、育美、辅劳，在立德树人上有着其他课程无可比拟的优势和价值，"以体立德树人"为"课程思政"理念融入高校体育课程提供了巨大的可能性。这些优势体现在"体育本身的身体实践性内含'潜移默化'的育人功能，体育课程的身心统一性能推动'同向同行'育人价值的提升、体育课程的纵深性和周期性促进'知行合一'育人环境的生成、体育课程的丰富多样性增强'全面发展'育人目标的实现"。高校体育课程思政的建设有助于体育强国建设目标的实现，这既是新时代学校教育的历史使命，也是大学生成长发展的需要。对于体育课程思政是什么，多数学者从"立德树人"的视角进行了分析，认为"育体铸魂"是体育课程思政建设的学理起点，"德体兼修"是体育课程思政建设的学理核心，"明德精技"是体育课程思政建设的学理主线，"践德致学"是体育课程思政建设的学理支撑优化。对于如何开展体育课程思政建设，学者们也纷纷给出了自己的建议，总体来看，基本围绕制度保障、内容设计、能力培养、质量监测评估等维度展开。如赵富学等认为要构建保障体育课程思政建设的"制度群"，促进体育课程思政理念创新与体育课程实践改进同步同频；要划分体育课程思政践行主体的课程责任与要求，提升践行主体的思想政治教育能力；要提升体育课程思政教育内容设计的系统性和有序性，强化对思想政治教育融入体育课程全程的引导；要围绕"立德树人"的总要求对体育课程资源进行筛选和重组，实现显性与隐性体育课程思政资源的整合；形成体育课程思政建设质量的有效检视制度和督导方式，使常规测评与专业考量有效地结合在体育课程思政质量评估机制中。

近年来从中观、微观层面，结合不同体育专业、不同体育课程和不同运动项目针对课程思政教学实践的实证性研究也逐渐增多。如董翠香就对师范专业认证的体育教育专业思政教学实践进行了探索，其他学者也围绕不同运动项目进行课程思政的积极尝试，主要集中在排球、篮球、乒乓球、武术、舞操类等项目的教学领域。

将思想政治课程融入运动项目教学中呈现出三种显著趋势：首先，通过课程思政教学，旨在使学生在体能、技能、心理等方面都有积极的变化，并在运动中培养不畏艰难、敢于挑战、坚持不懈、敢于冒险的品质；其次，通过课程思政促使学生在学习运动项目的过程中克服困难和心理障碍，打破传统的训练方式，培养他们的创新思维和求新精神；最后，通过课程思政教学，重于培养学生的担当意识和责任能力，特别是在集体项目中，强化学生在团队中的使命感和责任感，培养团队和集体精神，使学生意识到自己为国家和民族复兴发展所肩负的责任和义务。一些运动项目已提炼出较为一致的思政元素，如武术课程将思政元素凝练为"民族精神、尚武崇德、文化自信、规则意识、科学精神、家国情怀"；篮球项目将蕴含的课程思政元素凝练为"集体主义、规矩意识、顽强意志、吃苦耐劳、敬业精神、创新意识和爱国主义"；排球课程思政元素主要是"祖国至上、团结协作、顽强拼搏、永不言败"的中国女排精神。同时，课程思政融入运动项目的研究，也经常结合运动训练的相应理论进行针对性研究，例如基于项群理论的运动项目教学，通过融入课程思政建设的理念和要求，形成了比较成熟和推广性强的课程思政建设案例。这些不同类型体育课程思政元素的发掘整理，均是根据运动项目教学的长期实践中形成的育人特点总结提炼出来的，为其他运动项目教学过程中的课程思政元素发掘提供了优质的样板和范例。

第二节 高校体育课程思政实践推行现状

随着高校其他专业课程思政建设的快速推进，体育专业的课程思政建设也在积极推进。体育类院校在体育课程思政建设方面走在了前列，如上海体育学院自2017年以来，先后开设了"体育强国""国乒荣耀""中华武德"等课程思政示范课程，其中"国乒荣耀"还入选了首批国家级一流本科课程（社会实践类）和教育部课程思政示范课程。2021年12月出版了全国体育领域第一本课程思政教学指南——《武术与民族传统体育专业课程思政教学指南》；2020年，武汉体育学院在体育院校中率先成立"体育课程思政教学研究示范中心"，该院教师赵富学教授还获批全国首个体育课程思政主题的国家社科基金重点项目"体育课程思政建设的理论与实践研究"，形成了体育课程思政"教＋研＋训＋推＋用"一体化建设模式；北京体育大学构建了学科与术科、教室与场馆、课内与课外相结合的体育特色课程思政建设新模式。随着体育院校课程思政建设的大力推进，其他一些综合性高校，如北京大学、北京理工大学、华中师范大学、上海大学等也都结合本校实际情况，在体育课程思政教材、理念、模式、课程方面进行积极的探索。近三年，体育课程思政建设处于快速发展阶段，取得了一定成效，2021年5月教育部公布的课程思政示范课程中，有8门体育类课程入选。但与其他学科课程思政建设相较，体育学科课程思政建设起步较晚，相对滞后，大多在2020年以后开始启动或着手推进，还没有形成清晰的科学规划与顶层设计，建设的协同格局和体制机制还不完善，建设成效还不够突出，相比于其他专业课程，体育课程思政还处于边缘化、非中心的位置，在教育部公布的699门课程思政示范课程中，体育类课程仅有8门，占比1.14%，绝对数量和相对数量都较少。

综上所述，学者们的相关研究为体育教育工作者的课程思政建设厘清了思路、指明了方向，已取得的研究经验与成效有力推动了我国高校体育课程思政理论与实践研究的深化，也为后续研究提供了有益的参考和启发。但综合这些研究不难发现，现有研究多数从理论出发，围绕主题展开宏观性理论探讨，研究多基于文献资料调研、逻辑推理、归纳演绎等展开逻辑推衍式理论探讨，缺乏围绕高校体育课程思政教学实践所开展的实证研究。从研究内容来看，对体育课程思政建设资源的分类标准、发掘方式、融入路径、效果评估等方面尚未形成体系化的成果，尤其是对体育课程思政元素挖掘，融入与评价的思路、路径、方式方法的实证研究明显缺乏。课程思政最终要落实在体育课程教学之中，体育教师是课程思政的最直接推行者，各课程体育教师该如何结合自己的课程去挖掘合理的思政元素，如何将其巧妙地融入课程当中，又如何对课程思政的效果进行评价，是目前迫切需要解决的难题。已有研究在这方面的不足凸显了相关研究的紧迫性。

第三章　高校体育课程思政的内涵及特点

第一节　高校体育课程思政的内涵

对高校体育课程思政的理解需要首先搞清楚它究竟是什么。有学者认为体育课程思政是建立在构建全员、全程、全方位、全课程育人大格局的基础上，通过营造出体育课程与思想政治理论课同向同行的协同效应，从而树立起一种以"立德树人"为核心的丰富体育课程内容的教育理念。也有学者认为体育课程思政是在体育课程设计与体育教学活动中，充分挖掘体育所蕴含的德育元素与思政价值，依托体育知识和运动技能的传授，实现"以体育人"为基础的课程理念和教学观念，从而体现现代体育课程教学的价值观、认识论和方法论。

体育课程思政的实质在于对体育价值体系的解构与重建。尽管概念尚未形成一致认知，但大多数学者都认可它作为一种综合育人理念的存在。综合学者们的观点，本书认为高校体育课程思政是指根据高等体育教育的特点，深入挖掘体育课程内在的思政教育价值，将之巧妙地融入到高校体育课程的教学目标、内容、结构、设计、评价等各个环节中，以实现"立德树人"教育任务的一种综合育人理念。

为了准确理解高校体育课程思政的理论内涵，就要避免以下几种错误认知：

一是不应将体育课程思政简单理解为"体育课程+思政"的机械拼接，而是要在整个体育课程教学过程中贯彻"课程思政"理念，实现知识与技能、过程与方法、情感态度与价值观的有效整合。

二是高校体育课程思政也不是简单地将体育课思政化，而是要充分发掘体育课程中所蕴含的思政育人元素，并将其巧妙地融入体育课程教学的各个环节中，以实现思政育人的目标，而这种融入应该是以"润物细无声"的方式进行的。

基于对高校体育课程思政的理解，本书认为体育课程思政建设是指在体育课程教学领域将思想政治教育贯穿于学校人才培养体系的理念、任务、方法和过程的总和，其本质内涵就是将思想政治教育的要求与体育课程自身的思想政治教育相融合，将思政元素融入体育课程教育教学之中，赋予思想政治教育以鲜活的生命力，同时丰富体育课程自身内涵，将价值引领贯穿于体育教学全过程和各环节，实现知识与技能、过程与方法、情感态度与价值观的有效整合，从而实现课程思政的润物无声。可以说，高校体育课程思政是一种理念和目标，而高校体育课程思政建设则是一种具体的实践过程，只有在高校体育课程思政建设的过程中，才能实现高校体育课程思政的目标和效果。

第二节　高校体育课程思政的特点

体育教育是一种以身体参与和实践练习为核心的教学活动，它不仅能强健体魄，更能培养品德，天然具备将思想教育融入运动实践的优势。高校在开展体育课程的思政建设时，应当充分运用体育运动特有的育人特点，通过身体力行的训练过程，将道德培养自然融入体育教学，这样才能真正发挥体育在塑造学生全面发展中的独特作用。高校体育课程思政的特点主要体现在以下几个方面。

一、身体感知和实践导向

从学科特性来看，在"五育"体系之中，体育学科特点较为突出，因体育是以身体练习为主要方式的教育活动。从认知的角度看，体育课程的学习过程，不仅是身体活动的记录过程，更是在教师指导下进行社会实践交流和道德认识的过程。具体而言，体育运动的过程是参与者由"（身）体"到"认（知）"的过程，即借助"我"的身体认识

"我"的世界,认知的工具是自己的身体,认知对象也是自己的身体。学生在不同体育项目参与的身体感知过程,也是个体思想变迁的体验过程,可促进人对自我内在和外部世界引发感悟。学生通过身体感知体悟体育的理想、价值、精神、道德、规则、审美等,进而"由身体而心灵",形成学生正确的思想认知,建构起学生的意义世界。这实质上是一种"具身德育",是"身体经验同道德认知与判断等心理过程相互嵌入和相互影响的过程",是用身体理解世界,"发现这个世界的一种意义"的过程。这种意义的发现,更容易内化为学生的思想认知和道德体悟,形成"意会认识"。这种特殊的"体认"方式,使得体育学科在课程思政建设中具有先天优势。通过体育技能的学习与精研,不仅可学习运动技能、增强体质,还可以培养学生勇于挑战、坚韧不拔的拼搏精神,追求卓越、突破自我的进取精神,敬畏规则、公平竞争的规则意识,一丝不苟、精益求精的严谨态度,团结合作、甘愿牺牲的集体主义,以及乐观向上、不惧失败的积极心理等,为学生正确处理个人与他人、个人与集体、个人与社会、个人与国家的关系提供健康心态、道德准则、行为底线和家国情怀。

从体育学科的这一特性来看,体育课程思政本质上是"身体感知的思政"。从育人方式上看,体育课程思政更加强调学生身体的直观感受和以实践为导向、"以体育德"。通过在体育教学实践中融入思政元素,可以使学生通过身体实践的直观体验,在磨练筋骨、挥洒汗水过程中对其进行教育性教学,培养学生坚强勇敢、顽强拼搏、遵纪守法的意志品质,并逐渐帮助学生树立起正确的理想信念,进而实现学生的全面发展。实践导向强调学生在体育教学和体育活动中的实际操作和实际体验。学生通过亲身参与各种体育活动,如球类运动、田径、健美操等,进行实际操作和实际训练。在实践中,学生可以运用体育技能和战术,与他人进行对抗和合作,感受运动的快乐和挑战。通过实践,学生能够加深对体育规则、策略、团队合作等方面的理解,并强化身体素质、意志品质和创新思维。学生通过感知身体的运动和实践运用体育技能,深入了解体育运动的内涵和意义。通过身体感知和实践导向的教学方式,学生能够更加全面地理解体育的价值和意义,同时有助于培养身体素质、提高自我认知、增强团队合作和解决问题的能力。

二、综合性和交叉性

体育课程在整个教育体系中有着独特且重要的地位，其鲜明的综合性与交叉性特征，为思政教育开辟了广阔且多维度的延展空间。

从综合性来看，主要体现在三个关键层面。其一，学科内核方面，它整合了诸如运动生理、战术策略等丰富的多维知识体系。在体育学习过程中，学习者不能仅仅停留在理论层面，还需要了解人体肌肉运动的原理等知识，然后运用到实际的跑步、投掷等技术训练中，通过不断实践，达到理论与实践的完美统一，这是知识深度融合的体现。其二，教学活动中，天然地融合了身体训练、团队协作等多元要素。以篮球运动为例，在一场激烈的篮球攻防过程中，球员们既要通过不断地奔跑、投篮、传球等身体训练提升自己的运动技能，又要和队友默契配合，运用战术思维去应对对手的防守，在这个过程中多元要素相互交织、共同作用。其三，育人过程中，体育课程提升抗压能力等综合素养。参加体育长跑训练的学生，在长时间的奔跑中，心肺功能得到极大锻炼，身体变得更加强健，同时，面对漫长的赛程以及途中身体的疲惫等情况，他们需要不断克服困难，这无疑也在磨砺着自身的意志品质，全方位地促进个人成长。

而体育课程的交叉性，展现出其学科外延的开放特质。在科学维度上，运动生物力学可以精确解析技术动作的原理，帮助运动员优化动作；运动心理学则能指导运动员在赛场上更好地调控情绪，确保发挥出最佳水平。在人文领域，民族传统体育项目承载着深厚的文化记忆，像武术蕴含着中华传统文化中的刚柔并济等理念；足球赛事也折射出诸多社会价值观，如团队合作、公平竞争等。在教育创新层面，体能训练与挫折教育巧妙融合，让学生在体能挑战中学会面对挫折；团队竞赛又与领导力培养相互贯通，锻炼学生的组织协调能力。

正是这种"内聚外联"的学科特性，使得体育课程有着独特的优势。它既能借助跨学科教学深化认知，比如结合历史学科，去深入解读奥运精神在不同时代的嬗变，让学生明白其背后承载的民族情感与世界情怀，构建起多维育人场景。像攀岩课程，学生们在攀爬过程中，不仅要掌握攀岩技巧，还能同步开展风险认知教育，明白如何保障自身安全，同时通过与队友的配合，培养团队信任，最终实现知识习得、技能提升与价值塑造的协同发展，让体育课程思政教育的功能得以充分彰显。

第四章　高校体育课程思政的内容体系

体育项目众多，课程丰富，不同课程蕴含不同的思政内容，总体而言，高校体育课程可开发的思政元素主要包含如下几个方面，各课程可结合实际巧妙融入教学之中。

第一节　国家意识与爱国主义教育

国家意识是指个体对国家的认知、情感和责任感，它是爱国主义的基础，强调对国家的忠诚与维护。在多民族国家中，国家意识尤为重要，它要求不同民族之间和睦相处，通过国家权威化解潜在的民族冲突，维护国家统一和社会稳定。爱国主义教育是指通过多种形式的教育活动，培养和增强个体对国家的认同感、归属感和责任感。这种教育不仅强调对国家历史的了解，还涉及对国家文化和政治制度的认同，旨在激发个体的爱国情感和行为。国家意识与爱国主义教育之间存在着密不可分的联系，国家意识不仅是爱国主义教育的基础，更是其核心内容。通过培养正确的国家意识，个体能够更加深刻地理解和认同国家的价值观，进而有效增强爱国情感，并付诸实际行动。爱国主义教育作为强化国家意识的重要手段，借助教育的力量，使个体能够更深入地探究国家的历史、文化和制度，从而形成对国家的深厚情感和责任感。这种教育不仅仅局限于课堂知识的传授，更通过社会实践、课外活动等多种形式得以广泛实现。

体育课程思政做得好，可以成为培养学生国家意识和爱国主义情怀的重要途径之一。在体育课程思政建设时，可以通过如下方式展开国家意识和爱国主义教育：（1）国旗下讲话仪式。在体育课开始时，可以组织学生举行国旗下讲话仪式。通过学生轮流发表讲话，表达对国家的热爱和忠诚，提醒他们身为国家公民的责任和使命感。（2）国家体育精神教育。在体育课中，引导学生了解和学习国家的体育精神，例如奥林匹克运动的核心价值观。讲解和分享知名运动员、运动队的故事和成就，激发学生的自豪感和对国家的认同。（3）弘扬传统体育文化。通过体育课程，向学生介绍和宣传本国的传统体育项目和文化。让学生了解传统体育项目的起源、发展和价值，培养对本国文化的尊重和热爱之情。（4）体育竞赛与校际交流。组织学生参加体育竞赛和校际交流活动，让他们代表学校和地区与其他学校进行比赛和交流。这样的活动可以增强学生的集体荣誉感，培养团队精神和凝聚力。（5）体育与国家历史教育融合。在体育课程中，结合国家历史教育，介绍国家历史上与体育相关的重要事件和人物。讲解国家历史中体育的重要地位和作用，加深学生对国家的认知和情感连接。（6）社会公益活动。组织学生参与体育相关的社会公益活动，如义跑、健康促进活动等。通过积极参与社会公益事业，学生可以体验到体育的社会影响力和服务国家、社会的意义。

除了以上方法，教师还可以利用体育教育中的教学案例、影视资源、课堂讨论等方式，引导学生思考国家意识和爱国主义的重要性，并与学生进行积极的互动和讨论。

第二节　集体主义与团队精神

集体主义强调个体对集体的依赖和归属感，主张个人利益服从集体利益，是一种调节个人与集体关系的价值观。团队精神则强调团队成员为了共同的目标而相互协作、尽心尽力的共同意愿和努力，是一种集体意识的体现。集体主义和团队精神在许多方面具有相似的内涵和价值观，它们都强调个体与集体的关系，强调个人为集体利益付出努力。在集体主义和团队精神的指导下，个人应该以整体利益为重，愿意为集体做出牺牲和奉献，与他人合作，共同完成任务和实现目标。集体主义和团队精神在社会生活中具有重要作用。它们促进了团队的凝聚力和协作效能，提高了组织的绩效和创新能力。同时，集体主义和团队精神也培养了个体的责任感、合作能力和团结协作的意识，对个人的成长和社会的和谐发展起到了积极的推动作用。在教育过程中，我们应当着重强调集体主义与团队精神的有效结合。

体育课程在培养学生的集体主义与团队精神方面具有独特的作用，具体可以采取如下方式进行课程思政：（1）团队体育项目。通过组织各种团队体育项目，如足球、篮球、排球等团队比赛，学生可以在集体活动中体验团队合作的重要性。在团队比赛中，学生需要相互配合、互相支持，共同追求胜利。这种合作和竞争的过程可以培养学生的团队精神和集体主义意识。（2）分工合作的活动，如接力赛、集体游戏等。这些活动要求学生分工合作，相互依赖，通过团队合作实现共同目标。在活动中，学生需要互相协调、互相支持，培养团队精神和集体主义观念。（3）团队建设训练。通过团队合作游戏、团队拓展训练等方式，培养学生的团队意识和团队合作能力。这些训练可以加强学生之间的互信和合作，激发他们的集体主义精神。（4）集体荣誉的奖励，如最佳团队奖、团队精神奖等。通过对团队表现的肯定和奖励，激励学生展现集体主义和团队精神，增强他们的凝聚力和归属感。（5）导师制度。有些专业体育课程可以引入导师制度，鼓励学生之间互帮互助、传授经验和知识。通过导师与学生的互动，培养学生的团队意识和团队精神，促进学生之间的合作和互助。

通过以上措施，体育课程可以在学生的集体主义与团队精神培养中发挥重要作用。这些活动和训练将帮助学生理解团队合作的重要性，培养他们的合作能力、互助精神和团队意识，为他们今后的个人和职业发展奠定基础。

第三节 公平与正义意识

公平与正义意识是指一个人对社会和人际关系中公平和正义原则的认知和价值观。它强调个人对公平和正义的关注，包括对平等、公平、尊重人权、遵守法律和道德规范等方面的认识和追求。公平意识是对平等和公正原则的认知和关注,它强调在社会交往和资源分配中,每个人都应该享有公平的待遇和机会。公平意识认为每个人都应该受到平等对待,不论其社会地位、性别、种族、宗教或其他特征如何。它反对任何形式的歧视、偏见和不公正待遇,主张公平的社会制度和公正的法律规范。正义意识是对道义和法律原则的认知和追求。它强调人们应当遵循道义和法律的规范,尊重他人的权利。正义意识认为每个人都应该按照法律和道德的要求行事,承担起自己应尽的责任和义务,同时保护他人的权益和福祉。它强调社会和个体应当追求公正、诚实、诚信和公共利益。公平与正义意识在社会生活中具有重要作用,它们指导人们对待他人的态度和行为,促进社会的公平与和谐。具备公平与正义意识的个人能够更好地理解和关注社会的不平等和不公正现象,积极参与公益事业、社会改革和法治建设,推动社会的进步和发展。公平与正义意识也有助于个人的成长和道德素养的提升,培养个人的责任感、道德勇气和公共意识。

  体育课程的实践性质使其在培养学生的公平与正义意识方面具有"先天"优势,在体育课程中可以采用多种形式展开这方面的思政教育。具体可以采取以下措施:(1)强调比赛的公正性。教师可以着重强调比赛的公正性和公平性,让学生明白遵守比赛规则、尊重对手和裁判的重要性。同时,教师应该及时纠正不公平行为,并引导学生理解公正的意义。(2)强调合作与团队精神。教师可以鼓励学生相互帮助、互相支持,强调合作的重要性。通过团队活动,学生可以体验到公平分配任务、平等参与的意义,培养公正和平等的价值观。(3)培养道德品质,包括尊重、诚实、公正、守信等。教师可以通过示范和引导,让学生理解这些道德品质的重要性,并在体育活动中贯彻这些价值观。例如,教师可以强调尊重对手和裁判的权威,鼓励学生坦诚相待,遵守规则,不作弊。(4)引导学生思考和讨论,让学生从道德和伦理的角度思考体育比赛和活动中的公平与正义问题。教师可以提出一些情景,引导学生分析和讨论其中的公平和正义因素。通过讨论,学生可以加深对公平与正义的理解,并培养批判性思维和道德判断能力。

(5) 培养公益意识，让学生参与体育慈善、义跑、义卖等公益活动。这样的活动可以培养学生关心他人、关注社会公益的意识，促进公平和正义的实践。

通过以上措施，体育课程可以培养学生的公平与正义意识，使他们在体育活动中更加注重公正和平等，树立正确的道德观念，提升体育核心素养。

第四节　健康意识与积极的生活方式

健康意识是指人们对于自身健康的关注、重视和保护的意识和观念。它涉及人们对于健康生活方式、健康行为、健康饮食、预防疾病等方面的认识和理解。健康意识不仅仅关注身体健康，还包括心理健康和社交健康等方面。积极的生活方式是一种态度和行为，指的是积极看待生活，乐观面对困难并采取积极主动的措施来应对挑战。通过树立正确的健康观念，调整自己的生活方式，养成健康的饮食、运动、休息和社交习惯，人们可以更好地保持身心健康，实现全面发展和幸福生活。

体育课程可以加强对健康知识和生活方式的教育，引导学生养成健康的生活习惯和积极的身体锻炼习惯。在体育课程中，可通过以下一些方式加强这方面的教育：（1）提供全面的体育知识，包括身体构造、生理机能、运动技能等方面的知识。学生可以了解到运动对身体健康的益处，掌握科学的运动方法和训练原则，从而形成正确的健康观念。（2）促进体育锻炼和运动习惯。教师可以组织各种有趣的体育活动，包括球类运动、游泳、跑步等，让学生享受运动的乐趣。通过培养运动习惯，学生可以保持身体健康、增强体质，并形成良好的生活方式。（3）强调健康与安全意识。教师可以教授学生正确使用运动设备、避免运动损伤，并提供紧急救护的基本知识和技能。学生应该了解运动中的风险，并学会保护自己和他人的安全。（4）培养合作与团队精神。通过团队活动和合作训练，学生可以学会相互协作、互相支持，共同完成体育活动和项目。这不仅有助于身体健康，也培养了学生的社交能力和团队合作意识。（5）引导健康生活方式的讨论与实践。教师可以组织小组讨论、健康项目设计等活动，让学生分享自己的健康习惯和生活方式，并互相学习和借鉴。通过实践，学生可以逐渐形成健康的生活习惯。

通过以上措施，体育课程可以培养学生的健康与生活方式，使他们在体育活动和日常生活中注重健康，掌握科学的运动方法，养成良好的生活习惯，以促进身体健康和全面发展

第五节　精神文明与道德修养

精神文明是人类社会进步的重要标志，它涵盖了思想、文化、道德、教育、科学、艺术等广泛领域。这些精神成果不仅彰显了社会的发展高度，还映射出人类在精神层面的深刻升华与丰富。精神文明建设强调物质文明与精神文明的双轮驱动，认为二者相辅相成，不可偏废。在物质文明日新月异的同时，精神文明建设同样举足轻重，因为它为社会注入了强大的道德滋养与精神动力。道德修养是个体在道德意识与道德行为方面不断自我完善的过程，它借助教育与社会实践的双重力量，提升个人的道德品质。道德修养不仅源于个人内心的追求，更是社会和谐发展的坚实保障。在当代社会，提升道德修养的途径多样，包括思想政治教育、道德规范的学习以及广泛参与社会实践等。具体来看，道德修养的核心在于培养卓越的道德判断力与行为能力，这要求个体不仅要深刻理解社会与政治理论，还必须在实际生活中不断践行与强化这些道德观念。通过这一过程，个体能够在社会发展中发挥积极作用，成为推动社会和谐进步的中坚力量。在社会中，精神文明与道德修养发挥着至关重要的作用。它们不仅塑造着个体的品格与行为规范，还能够促进社会的和谐与稳定。精神文明建设通过培育社会主义核心价值观，为社会提供强大的精神动力和道德滋养，从而

推动社会在物质与精神层面上实现协调发展。道德修养则通过个体的自我完善和对他人的积极影响，提升整个社会的道德水平。这种提升不仅体现在个体的道德判断和行为能力上，还在于通过教育和社会实践，使道德规范内化为个体的自觉行为，进而在全社会形成良好的道德风尚。

体育课程在培养学生的精神文明和道德修养方面可以采取以下措施：（1）传递积极的价值观。教师以身作则，展示正直、公正、团队合作等道德品质，并引导学生在体育活动中体现这些价值观。通过榜样的力量，学生能够感受到道德行为的重要性，从而培养道德修养。（2）培养团队合作精神。体育课程可以加入团队活动，让学生学会相互协作、互相支持，体验到共同努力、互助互爱的重要性。比如在体育课程中通过设定具体的团队目标（如篮球比赛中的得分目标），让同学们合作共同逐步实现，以培养学生的团队合作意识。组织接力赛跑、拔河比赛等团队活动，让学生在合作中体验团队力量，培养协作能力。（3）强调公平和公正。教师可以通过解释比赛规则的重要性，引导学生遵守比赛规则，尊重对手和裁判的权威。教师还可以引导学生思考公平竞争和道德选择的问题，让学生认识到公平和公正在体育活动中的重要性。（4）引导道德思考和讨论。教师可以寻找一些案例（如运动员使用兴奋剂、年龄作弊、假摔假球等），引导学生思考如何在体育活动中面对这些问题并做出正确的道德选择。通过讨论和思考，学生可以增强道德意识和道德判断能力。（5）强调体育精神。向学生介绍体育精神的内涵，如团结协作、坚持不懈、努力拼搏等，并通过一些案例（如女排精神）进行学习讨论。

第六节　社会责任感与公益意识

社会责任感是指个人在特定社会环境中所承担的义务和责任。这一责任感不仅体现在对他人或社会的职责和义务的自觉履行上，还包括在承担责任过程中展现出的自律意识。它要求个体在意识到自身与现实世界的联系后,积极承担起相应的社会责任和义务,从而推动社会的良性运转。公益意识是指基于社会责任感,个体关注并参与社会公益事业的一种自觉意识。它体现了个体对他人和社会的关爱,以及自愿为社会贡献力量的愿望。它强调个体在追求自身发展的同时,关注社会问题并采取实际行动解决问题。公益意识的培养有助于提升个体的道德境界和社会文明水平,促进社会的和谐发展。社会责任感和公益意识的培养是一个系统工程,需要家庭、学校和社会的协同努力。学校教育在认知和实践的统一方面发挥着重要作用,通过学科教育、主题班会等多种形式,促进学生的社会责任感内化为内在需求。

体育课程在传授技能、健康促进的同时,还可以激发学生的社会责任感和公益意识,培养他们关心社会问题、积极参与公益活动的能力和意愿。这种教育不仅仅局限于体育技能的训练,更是对学生全面素质的培养,让他们在体育活动中体验到合作、竞争、挑战和成功,从而更好地理解社会、参与社会、服务社会。体育课程可以通过如下这些方式加强对学生这方面的培养:(1) 引导学生参与公益活动,如体育公益项目、义跑、义卖等活动。教师可以组织学生进行公益项目的策划和实施,让他们亲身体验为社会做贡献的意义,培养他们的公益意识和社会责任感。(2) 强调体育精神,如团结协作、积极进取、不怕困难等。教师可以通过故事、案例或体育偶像的榜样,向学生传递体育精神的价值观,并引导他们将这种精神应用到社会责任和公益行动中。(3) 提供社会问题的案例并展开讨论。如体育资源分配不均、体育比赛中的不公平现象、贫困地区的体育资源不足、残障人士的体育权益等,引导学生进行深入分析和讨论,加强他们对社会问题的关注和参与,激发他们的公益意识。让学生扮演不同的角色(如政策制定者、运动员、教练等),从不同角度思考问题,培养他们的同理心和批判性思维。定期举办以社会问题为主题的研讨会或论坛,邀请专家学者或社会人士参与讨论,拓宽学生的视野和思路。

第七节 思辨能力和创新能力

思辨能力指学生运用批判性思维、逻辑思维和创造性思维等，对问题进行深入分析、推理和评估的能力。思辨能力包括思考、质疑、推理、比较、评估等认知过程，能够帮助学生理解复杂问题、发现问题中的逻辑关系、辨别信息的可靠性，从而形成独立的判断和观点。创新能力指学生能够提出新颖的想法、方法或解决方案的能力。创新能力不仅仅指科技或科学领域的创新，还包括在各个学科、领域以及日常生活中的创造性思维和行动。创新能力涉及问题解决、想象力、变通能力、灵活性和独立思考等方面的能力，能够帮助学生从不同的角度思考和解决问题，提出新的观点和解决方案。思辨能力与创新能力是培养学生全面发展和适应未来社会的重要能力。它们鼓励学生主动思考、质疑和探索，培养学生的批判性思维和创造性思维，使他们能够独立思考和解决问题，具备面对复杂挑战的能力，为未来的学习和生活做好准备。

体育课程经过精心的设计，也可较好地培养学生的思辨能力与创新能力。这将帮助他们在体育活动中更灵活地应对问题和挑战，同时也能够将其应用到其他学科和生活中，发展成为具有思维敏锐和创造力的个体。如下一些方式可供参考：（1）提供挑战和问题解决的机会。教师可以引导学生面对难题，鼓励他们思考多种解决方案，并从中学习和成长。（2）培养创造性思维。教师可以引导学生尝试不同的运动技巧、战术策略，培养他们的创新能力。（3）提供自主学习的机会。教师可以设定开放性的任务和项目，鼓励学生自主研究和学习相关的技能和知识。这样可以激发学生主动思考和探索的能力。（4）鼓励团队合作和交流。体育课程可以通过设定一些团队活动，让学生共同解决问题、协调行动，培养他们的团队合作和协作能力。也可以多设置交流和讨论活动，促进学生之间的思想碰撞和创新思维的激发。（5）引导反思和总结。教师可以提出问题，引导学生思考他们的学习过程、策略和结果,从中汲取经验教训,并应用于未来的学习和实践中。

第八节 心理健康与情绪管理

心理健康是指个体在心理、情感和社会方面的良好状态,这种状态包含积极的自我认知、高效的情绪管理能力、良好的人际关系及卓越的社会适应能力。情绪管理是指个体识别、理解、表达和调节自身情绪的能力,涉及一系列的技能和策略,旨在帮助个体更好地应对生活中的压力和挑战。心理健康和情绪管理密切相关。心理健康的人通常能够有效地管理和应对自己的情绪,从而保持情绪的稳定和积极。反之,情绪不稳定和情绪管理困难可能对心理健康产生负面影响。因此,培养良好的情绪管理能力对于维护和提升心理健康至关重要。

体育课程可以关注学生的心理健康,通过体育活动来缓解压力、培养情绪管理能力和心理素质。具体可以通过如下一些方式开展这方面的教育:(1)提供情绪释放和调节的机会。体育运动能够促进大脑产生多巴胺和内啡肽等愉悦荷尔蒙,缓解紧张和焦虑感。在体育课程中,学生可以通过运动来释放负面情绪,调整情绪状态,增强自我调节的能力。(2)引导情绪认知和情绪表达。教师可以引导学生关注自己的情绪变化,认识情绪的来源和影响,并教授情绪表达的方式和技巧。学生可以学会用言语、身体语言和艺术表达等方式来有效表达自己的情绪。(3)培养团队合作和合理竞争的心态。体育教师可以引导学生在团队中学会相互支持、协作和尊重,同时培养健康的竞争心态。学生可以学会控制自己的情绪,处理成功和失败,以积极的态度面对挑战和压力。(4)强调身体与心理的关联性。教师可以向学生解释体育运动对心理健康的积极影响,如提高自尊心、增强自信心、改善情绪状态等。通过了解身体与心理的相互关系,学生可以更好地认识体育运动对心理健康的重要性,并主动参与体育活动。(5)提供心理健康教育和技能训练。体育教师可以教授学生一些情绪调节的方法,如瑜伽中的腹式呼吸、正念冥想、放松训练等。学生可以在体育课程中实践和应用这些技能,增强情绪管理的能力。总之,通过以上方式,体育课程可以帮助学生培养心理健康和情绪管理的能力。这将使学生学会管理自己的情绪,有效应对挑战和压力,提升情绪稳定性和心理韧性,从而促进心理健康的发展。同时,这些能力也可以在学生的日常生活中发挥作用,提升他们的学习效果和人际关系的质量。

第五章　高校体育课程思政建设面临的现实困境

体育本身具有无可替代的育人价值，然而，作为课程的体育，在实际教学中存在重知识讲解轻价值引导、重技能传授轻思政教育等弊病，体育的育人功能和作用发挥还不够充分。目前，高校的体育课程思政建设仍处于初步探索阶段，还面临很多现实难题。

第一节　体育教师课程思政建设意愿和能力欠缺

体育教师是体育课程思政开展的主要实施者和推动者，他们通过教学实践、教学设计、思想引导、师德榜样作用等方式，培养学生身心健康和塑造思想品德，引导学生全面发展。

然而，当前体育教师思政育人意识薄弱、思政教学能力不足等问题已成为高校推进课程思政改革的重要难点。尽管国家大力提倡各学科开展课程思政建设，但很多体育教师对什么是课程思政了解甚少，有些教师认为课程思政应该是思政老师或者辅导员做的事情，专业课老师只需做好专业知识和技能的教学就行，有的教师将课程思政狭隘地理解为在体育课程中传递爱国教育之类的内容。由于对课程思政的认识不充分，导致课程思政的尝试未能达到预期设想，打击了体育教师"想要"开展课程思政建设的积极性。课程思政建设能力欠缺主要体现在缺乏对所授课程思政元素的挖掘、提炼方面。准确的思政元素的提炼和目标定位是好的思政教学的前提和关键所在，然而当前的现实情况是，大部分体育教师并不清楚该从哪些方面、哪些途径去挖掘提炼其中的思政元素和资源，很多体育教师对课程思政的理解不充分，认为课程思政只是在体育教学中加入思想政治教育即可，并未真正系统深入地钻研所授课程蕴含的思政育人资源,提炼出的思政元素要么不准确、很牵强,要么浅尝辄止、一带而过。造成这种局面的主要原因,一是由于高校体育教师一直以来只注重知识和技能的传授,所接受到的教育和培训也都重在技能方面,缺乏系统的思政教育学科背景知识支持,缺乏育人资源的鉴别力和敏锐性,体育教师难以从思政的角度挖掘和融入思政元素,难以将学科资源和课程资源转化为育人资源。二是由于专业之间存在一定壁垒,导致体育教师与思政专业教师之间交流不够,因此获取课程思政专业支持和帮助的机会较少,使体育课程思政与思政课程互通交流的程度较低,直接影响了体育教师课程思政理论探索和资源获取能力的提升。三是缺乏课程思政教学设计能力。由于目前尚未出台专门性的体育课程思政教学指导类文件,许多教师将课程思政元素融入体育教学时显得理解力不够,制定的教学设计质量不高。体育课程思政本质上属于一种"隐性课程",体育教师在实施的过程中应在充分挖掘本课程思政资源的基础上,进行精心的教学设计,通过有目的的教学活动,在"润物细无声"中将"思政元素"融入教学之中,实现思政育人的目的。然而,在实际的教学中,很多体育教师在进行课程思政教学设计时,并不清楚思政资源该如何和专业知识点进行有效衔接,对于什么时候该插入思政内容、思政内容讲多久、用什么样的方式插入并没有进行精心的设计,只是将思政资源和专业知识教授"生硬"嫁接,"两张皮""形式化"现象比较突出。目前较为典型的两种情况是:一部分教师只是基于之前的上课方式和内容,增加一点思政育人的内容,比如引入一些案例或者视频,"蜻蜓点水"式地一带而过,使课程思政流于形式化、表面化;另一部分教师则正好相反,花大量的时间专门讲思政内容,将专业知识或技能的传授和思政内容割裂开,教师"生硬"地讲,学生硬着头皮听,将本来"隐形"的"课程思政"变成了"显性"的"思政课程"。这两种情况目前极为普遍,使得体育课程思政总体的教学效果非常不理想。

第二节　体育课程思政实施路径创新性不足

体育课程是以实践为主的课程，有自己独特的学科特性，因此体育课程思政也需要探索适合自己的独特的实施路径与方法，形成专属于体育课程思政建设的方法创新模式。然而，目前的体育课程思政多借鉴和模仿其他学科的课程思政建设经验，在实施路径上创新性不足。

现有的体育课程思政，基本仍以传统的课堂教学为主，将课程思政的育人效果局限在课堂上，纯线上或线上线下混合式教学方式较少，并且多注重课中教学，对课前和课后的关注度不够。思政育人效果的体现，本来就需要多方的配合，尤其是很多道德价值观方面的渗透需要借助多种场景、多种方式，是长期的育人过程。因此，除了课堂，课外的时间也应该充分利用起来，将课前、课中、课后统一规划起来。另外，在思政内容的选取方面，也多类似其他理论类课程，选取一些优秀运动员或团队的案例作为思政育人的点，以理论讲解的形式穿插在课堂上。在教学的方式方法上，说教式的灌输仍是最常用的一种方式，忽视了学生潜在的积极情绪体验，学生极易产生倦怠感甚至抵触心理，难以对体育课程思政内容产生思想层面上的共鸣。体育课程尤其是技术类课程的教学模式本来就与其他学科课程有着较大的差异性，体育本质上是一种身体教育，应更多地让学生在身体感知、实战比赛、团队合作、模拟表演、技能汇报展示、模拟教学、现场观赛中锻炼意志力，培养团队合作、角色和规则意识以及体悟背后的体育精神、爱国意识等。因此高校体育课程思政建设要取得高质量的成果，需立足于学生的现实体育生活，探索出不一样的体育课程思政方法创新模式，构建起专属于体育类学科的教学方法、实训方法和推展方法。

第三节　体育课程思政评价体系不完善

目前我国高校体育课程思政建设缺乏科学、全面、多样化的评价体系。评价仍以学生的学习成果产出为主，重视知识掌握和技能掌握的情况，而对学生的思想觉悟、道德品质和社会责任感、情感变化过程、价值取向形成过程等动态因素欠缺考察，对体育教师思政教育能力、全过程育人要素调动及高校体育课程思政建设机制等方面考量不足。

具体而言，目前的评价体系不完善主要体现在以下几个方面。首先，缺乏统一的评价标准和指标体系，导致评价结果的主观性较强。不同学校、不同教师对于不同的体育课程或者相同的体育课程，存在不同的评价标准，评价内容和重点不一致。缺乏明确的指导和规范，使得评价结果的客观性和可比性受到影响。其次，现有的评价重点仍然集中在成绩和考核方面，忽视了对学生思想品德和全面发展的综合评价。体育课程思政的目标不仅是培养学生的身心健康，还包括引导学生形成正确的价值观和思想意识。然而，目前的评价体系往往偏重于对知识和技能的考核，忽视对学生思想品德、思维能力和社会责任感等方面的评价。再次，评价方式方法传统单一。对于课程思政方面的评价，仍多采用课堂观察、问卷调查等方法。这样的评价方法相对比较主观，问卷的信效度往往经不起推敲。尤其是涉及一些价值观的思政目标的实现情况时，这种评价方式得到的结果的可信度较低。最后，体育课程思政评价过于依赖定性评价，缺乏科学的定量评价方法和工具。定性评价容易受主观因素的影响，评价结果的准确性和客观性有待提升。因此，为了完善体育课程思政的评价体系，需要建立统一的评价标准和指标体系，明确评价内容和重点。同时，应该综合考虑学生的思想品德、知识技能、综合素养等方面，打造多元化的评价方法，包括定性和定量评价相结合，以提高评价结果的准确性和可比性。此外，评价应注重学生的发展过程和能力培养，不仅关注专业成绩和考核结果,更注重学生的思考能力、创新能力和社会责任感等方面的评价。通过完善评价体系,能够更好地促进体育课程思政的有效实施和评估。

第四节　教材和教学资源更新滞后、可借鉴资源有限

　　影响高校体育课程思政开展的另外一大原因是教材和教学资源更新滞后,体育教师可直接借鉴的资源非常有限。教材和教学资源更新滞后主要表现在三个方面:首先,当前的体育教材在内容上往往偏重于经典理论知识的传授,而对当代体育发展的新动态、新思想、新技术等方面的内容涉及较少。这种滞后性导致教材在内容上难以反映出当代体育发展的最新趋势,也无法满足学生日益增长的对新知识、新技能的需求。其次,大部分教材编写过程中,对于思政元素的融入往往缺乏系统性和深度。这表现在教材中思政元素与体育知识、技能的结合不够紧密,思政元素的呈现方式较为单一,缺乏趣味性和启发性,难以引起学生的学习兴趣和共鸣。最后,由于教材编写和出版需要经过多个环节,包括选题、编写、审稿、出版等,因此教材更新的周期较长。这导致教材内容难以及时反映当代体育发展的新成果、新经验和新问题,也影响了教材内容的时效性和实用性。

　　可借鉴资源有限主要表现在案例资源稀缺、资源共享机制不完善、专业培训和指导不足等方面。具体而言,首先,在体育课程思政教学中,优秀的案例是教师进行课程设计、教学方法选择和效果评价的重要参考。然而,当前体育课程思政的案例资源相对稀缺,缺乏具有代表性、典型性和启发性的案例。这增加了体育教师在寻找和选择案例资源时的难度,也影响了其教学效果的提升。其次,各学校之间在体育课程思政建设方面缺乏有效的资源共享机制。这导致各学校在建设过程中各自为战、重复劳动,难以形成合力推动体育课程思政快速发展。同时,也造成了资源的浪费和效率低下。最后,对于体育教师来说,开展体育课程思政需要具备一定的专业素养和思政能力。然而,

当前对于体育教师的专业培训和指导相对较少，无法满足其实际教学的需求。这导致体育教师在开展课程思政时感到迷茫和无助，难以将思政元素有效融入体育教学中。

总之，教材和教学资源更新滞后、可借鉴资源有限是当前影响高校体育课程思政开展的重要问题。为了解决这些问题，我们需要加强教材建设和资源开发工作，提高教材内容的时效性和实用性；同时，加强各学校之间的合作与交流，形成有效的资源共享机制，并加强对体育教师的专业培训和指导，提高其专业素养和思政能力。只有这样，才能推动高校体育课程思政快速发展。

第六章 高校体育课程思政建设的理论支撑与践行向度

第一节 高校体育课程思政建设相关理论支撑

体育课程思政是一个涉及体育教育和思想政治教育的交叉领域，目前体育课程思政建设的理论根基和理论依据严重不足。对于体育课程思政的实施者来说，既需要教育思想的相关理论给予理念方向上的引导，也需要一些教学设计方面的理论进行实践的指导。如下一些方面的理论在体育课程思政的实践中可发挥指导作用，帮助教师更好地设计和实施体育课程，促进学生的全面素质发展和思想政治教育目标的实现。

一、教育思想相关理论

体育课程思政的基础是教育思想理论，包括马克思主义教育思想、社会主义核心价值观、人本主义教育思想以及目前在欧美国家被广泛认可和重视的成果导向教育（Outcome Based Education）理念等都能成为体育课程思政的价值取向和指导原则。如马克思主义教育思想是体育课程思政的理论基础，体现了对人的全面发展和社会主义核心价值观的关注。在体育课程中，可以通过教学内容、活动设计和教学方法，引导学生树立正确的世界观、人生观和价值观，培养社会主义道德观念；在体育课程中，可以通过课程内容和活动设计，引导学生理解和践行社会主义核心价值观，培养爱国主义、集体主义、诚信守法、自由平等、友善互助等价值观念；在体育课程中，可以采用个性化教学方法，关注学生的个体需求和发展潜能，培养学生的自信心和自我管理能力。成果导向理论强调教育活动应该以学生的学习成果和发展为核心，强调四个方面的问题：一是期望学生获得什么样的学习成果，二是为什么要让学生取得期望的学习成果，三是如何有效地帮助学生获取期望的学习成果，四是如何了解学生已经获得的学习成果。成果导向理论可以成为体育教师进行体育课程思政建设的重要指导思想和方法论基础，有助于教师明确教育目标，科学设计教学方案，多元评价学生表现，关注个体差异，追求长期效果，促进学生思想政治素养的全面发展。依据该理论，在体育课程思政建设中，一是教师需要明确培养学生的思想政治素养的目标，并根据学生的年龄、学历等确定相应的标准，如学生是否具有正确的世界观、人生观和价值观等。二是教师需要设计科学合理的教学方案，通过体育活动引导学生思考和探索思想政治问题，培养正确的思想政治观念和道德品质。三是需要综合利用各种评价手段，全面评价学生的学习成果和发展情况。除了传统的考试和作业评价外，还可以采用体育技能表现、课堂讨论、小组合作项目等方式进行评价。四是应该注重关注学生的个体差异，因材施教，针对不同学生的思想政治素养水平和需求进行个性化指导和培养。五是追求学生的长期发展和终身受益。教师在设计体育课程思政建设方案时应考虑如何培养学生的终身运动习惯、思想政治素养和社会责任感，以实现教育的持久影响。

二、育人理论

体育课程思政强调培养学生的全面发展和思想道德素质，相关的育人理论包括素质教育理论、全人教育理论、德育理论等都具有较好的指导意义。素质教育理论强调培养学生全面发展的素质和能力，关注学生的知识、技能、思维、情感和价值观的综合提升。在体育课程思政建设中，素质教育理论指导教师注重培养学生的身心健康、动手能力、协作精神、创新能力和社会责任感。体育课程可以通过各种体育运动和活动，培养学生的身体素质、团队合作意识、创造力和道德品质，促进学生全面发展。全人教育理论强调培养学生全面发展的素质，关注学生的身心健康、人格品质和个性发展。在体育课程思政建设中，全人教育理论指导教师关注学生的个体差异，注重培养学生的自我认知、情感管理、价值判断和社会适应能力。体育课程可以提供学生多元化的运动体验和个性化的教学方法，激发学生的兴趣和潜能，促进个体的全面发展和自我实现。德育理论强调培养学生的道德品质和价值观念，关注学生的思想道德教育和行为规范。在体育课程思政建设中，德育理论指导教师应注重培养学生的道德情感、道德判断和道德行为。体育课程可以通过规则的运动竞技、公平公正的比赛环境和团队协作的活动方式，培养学生的诚信、公正、友善和团队精神，促进学生的德育发展。

三、教学设计相关理论

体育课程思政需要设计符合思政目标的教学活动和内容，在课程思政的教学设计环节可以运用问题导向学习理论、探究式学习理论、合作学习理论等指导体育课程思政的教学设计，其中经典的一些理论如 ADDIE 模型、Bloom 的教学目标分类、Gagne 的九个事件教学模型、Kolb 的经验学习循环理论都能为体育课程思政的教学设计提供框架和原则，可以指导教师在设计和实施教学活动时考虑到学习目标、学生的认知过程、教学策略和评估方法等方面的因素，教师可以根据具体的教学情境和学生的需求，选择合适的理论和方法进行教学设计。具体展开来说，ADDIE 模型是一种系统的教学设计模型，包括分析（Analysis）、设计（Design）、开发（Development）、实施（Implementation）和评估（Evaluation）五个阶段。它强调在教学设计过程中进行系统分析、设计合适的学习活动、开发教材和资源、实施教学以及评估学生学习成果，该理论能为体育课程思政设计提供系统化的流程。Bloom 的教学目标分类是根据认知层次划分的，包括记忆（Knowledge）、理解（Comprehension）、应用（Application）、分析（Analysis）、综合（Synthesis）和评价（Evaluation）六个层次，体育教师可以根据学习目标的不同层次设计相应的课程思政教学策略和评估方法。Gagne 的九个事件教学模型提供了一种有序的教学设计框架。该模型由美国教育心理学家罗伯特·盖尼（Robert Gagne）提出，这个模型将学习过程划分为九个连续的事件，每个事件代表学习过程中的一个关键环节。这九个事件包括获得学生的注意、引导学生回忆已有知识、提供新的学习材料、引导学生理解新材料、引导学生应用新材料、提供反馈和加强、评估学习成果、提供增强和转移、保持学习的记忆和技能。体育教师在设计课程思政教学环节与内容时也可基于该理论展开。Kolb 的经验学习理论强调经验在学习过程中的关键作用，主张通过经验的不断反思和实践来促进个体的学习和发展，该理论提供了一个关于个体如何通过经验获取知识和技能的理论框架。该理论将经验学习循环分为四个阶段，即体验（Experience）、观察与思考（Observation and Reflection）、抽象概念化（Abstract Conceptualization）和实践与实验（Active Experimentation）。学生通过这四个阶段，循环进行经验学习，从而获得新的知识和技能。基于该理论，体育教师在课程思政教学中应引导学生参与体育活动、反思和观察自己的运动经验、将具体经验转化为抽象概念、不断实践和应用所学的知识和技能，从而促进学生全面发展和思政目标的达成。

四、教学评价理论

评价体育课程思政的效果是一项重要任务，相关的评价理论包括综合评价、道德评价、学业评价等相关理论提供的评价理念、思路、框架、维度等，可以对评估学生在体育课程中的思政表现和发展情况给予指导。如综合评价理论强调对学生整体素质的评价，包括认知、情感、态度和行为等方面，评价时考虑学生的学业成绩、实践能力、创新能力、综合素养等多个方面的表现，对学生进行全面、客观、公正的评价。综合评价有助于促进学生的全面发展和个性发展，更准确地反映学生的实际水平。学业评价理论侧重于对学生学业水平的评价。学业评价主要关注学生的学习成绩和学习过程，包括对知识、技能、思维能力等方面的评价，可以通过考试、作业、项目评估、口头报告等方式进行，旨在衡量学生在学术领域的表现和成就。学业评价有助于指导学生学习、调整教学策略，提供学生学业发展的参考依据。道德评价理论关注学生的品德发展和道德素养的评价。道德评价旨在评估学生的道德行为、价值观念、社会责任感等方面的表现，可以通过观察、访谈、问卷调查等方式，结合学校的品德教育目标和价值观，对学生进行道德评价。道德评价有助于培养学生的良好品德和道德素养，引导学生形成正确的人生观、价值观和行为准则。

五、体育学科相关理论

除了以上一些理论，体育学研究中的常用理论，如项群训练理论、运动技能形成理论可以解析体育课程思政建设中的具体问题，对体育教师体育课程思政的教学设计具有直接的指导意义。

项群训练理论是由我国学者田麦久等于20世纪80年代创立研究的，是关于各个项群运动训练规律及成功组织运动训练活动实施行为的科学理论。该理论根据不同项目本质属性所形成的项目之间的相似与差异，将具有相似竞技特性和训练要求的体育项目作为一个项群进行比较和研究，探索项目的共同特性和发展规律。该理论根据运动员竞技能力的主导决定因素、运动项目的动作结构、运动成绩的评定方法作为分类标准，建立了竞技运动项目的三个分类。如根据依运动项目所需竞技能力的主导因素，将所有的运动项目分为体能主导类、技能主导类、技心能主导类、技战能主导类四大类，每一大类下面依据体能或技能的主要表现形式或特征作为二级分类标准，把体能主导类项目分为快速力量性，速度性及耐力性三个亚类，把技能主导类项目分为表现难美性、表现准确性、同场对抗性、隔网对抗性及格斗对抗性五个亚类（见表6-1）。

表 6-1　按竞技能力的主导因素对体育项目的分类

大类	亚类		常见运动项目举例
体能主导类	力量性		跳跃、投掷、举重
	速度性		短距离跑、短距离游泳、短距离场地自行车、短距离速度滑冰
	耐力性		中长距离走、跑、速滑；越野滑雪、中长距离自行车
技能主导类	表现性	难美性	体操、艺术体操、技巧、跳水、花样滑冰、冰上舞蹈、花样游泳、武术（套路）
		准确性	射击、射箭、弓弩
	对抗性	隔网	乒乓球、羽毛球、网球、排球
		同场	足球、手球、水球、冰球、曲棍球、篮球
		格斗	拳击、摔跤、击剑、武术（散打）、柔道

几十年来，项群训练理论受到体育界的普遍重视，并得到不断的发展和完善。在体育课程思政建设中，可依据项群训练理论将具有相同特征的一些运动类课程划分在同一个项群中分类进行思政元素的挖掘、融合和设计。目前高校体育课程项目种类繁多，不同的体育项目有不同的运动特征和竞赛规则，而不同的体育项目又有不同的德育属性。因此，不同的体育项目在开展课程思政时，其教学任务、目标等也不尽相同。高校实施体育课程思政时，各课程老师基本都是独自摸索，这对任课教师的能力提出了较高要求，也没办法很好地管控教学质量。而依据项群训练理论，可对同种项群体育课所具有的同质风格和相似特点系统地做出归纳和概括，将具有相同德育要素的体育专业课程归入同一组，最终使思想要素相同的体育课程成为一个类，在设计课程思政教学目标、教学任务、教学内容等模块时，可鲜明概括出同一课程群不同课程项目德育属性的共同规律，根据规律提炼出共同的思政元素。各高校可据此分类利用行政机构设置优势，在实施体育课程思政方面形成合力，体现项目团队优势，提升课程思政的质量。

运动技能形成理论涉及人类学习和发展过程中的运动技能习得方

式。这个理论通常包括以下几个要素。认知阶段（Cognitive Stage）：学习者通过接受信息、理解任务要求和学习基本技能动作来建立起初步的运动技能。在这个阶段，重点是理解动作的基本要素和步骤，以及如何执行这些动作。联合阶段（Associative Stage）：学习者开始逐步提高技能水平，通过反复练习和调整，逐渐完善动作的技术细节和精确性。在这个阶段，重点是加强技能的准确性和流畅性，以及减少错误动作的发生。自动化阶段（Autonomous Stage）：学习者已经掌握了技能的基本要素，动作执行变得更加自然和流畅，无需过多的认知控制。学习者能够在各种情境下自如地运用所学技能，同时具备了适应和调整的能力。此外，还有一些其他影响运动技能形成的因素，例如个体的天赋、训练强度和频率、反馈质量等。运动技能形成理论在课程思政建设中具有指导意义，教师可根据该理论将课程教学划分为不同阶段，根据不同阶段的特征设计针对性强的思政教学目标、内容和方案等，让课程思政教学更有针对性、更高效。

第二节　高校体育课程思政建设的践行向度

一、构建体育课程思政教学研究示范共同体

从其他学科课程思政研究团队的组建现状来看，构建课程思政教学研究示范共同体已经成为一种趋势。构建共同体至少有三个方面的好处。首先，可以促进不同学校、教师之间的资源共享，教师可以分享优秀的教学案例、教材和教学方法，借鉴彼此的经验和教学成果，提高体育课程思政教学的水平和质量。其次，共同体可为教师提供专业交流和研讨的平台。教师可以通过研究讨论、教学观摩和反思，不断提升自身的教学能力和教育理念。还可以组织教师培训和研修活动，推动体育课程思政教学研究深入发展。再次，有助于促进学科交叉和融合。通过与其他学科的教师和研究人员的合作，可以开展跨学科的

教育研究，深化体育课程与思政教育、心理学、社会学等学科之间的关联，为学生提供更加综合和有价值的教育经验。

构建体育课程思政教学研究示范共同体可以通过以下步骤实施：（1）建立合作机制。建立跨学科、跨领域的合作机制，邀请教育学、体育学、思想政治理论等相关领域的专家学者参与研究工作，形成一个共同的研究团队，共同探讨体育课程思政的教学模式、方法和评价体系等问题。（2）制定研究方案。共同制定体育课程思政教学研究的详细方案，明确研究的目标、内容和方法。确定研究的重点和创新点，制定研究计划和时间表。（3）资源共享。建立资源共享机制，包括教材、教学案例、课件等教学资源的共享。研究示范共同体的成员可以相互交流和借鉴，共享优质的教学资源，提高教学质量和水平。（4）教学互助。成员之间建立互助机制，开展互相观摩、互相评课和互助教学等活动。通过观摩和评课，学习和借鉴其他成员的教学经验和优点，提高自身的教学能力。同时，进行互助教学，相互支持和帮助，共同解决教学中的问题和困难。（5）组织研讨和培训活动。定期组织研讨会、学术论坛和教学培训等活动，共同探讨体育课程思政的研究成果和教学经验。邀请专家学者进行专题讲座和培训，提高成员的专业水平和研究能力。（6）推广应用和示范教学。将研究成果和教学经验推广应用到实际教学中，并开展示范教学活动。组织成员进行体育课程思政的示范教学，吸引其他教师和学校参观学习，推动体育课程思政教学的普及和提高。

二、培育和提升体育教育者课程思政建设能力

体育教师是高校体育课程思政建设的关键，他们扮演着先行者、设计者和实施者的角色。体育教师的积极性、主动性和创造性对于课程思政理念能否与体育课程有机融合起着决定性作用。因此，秉承"教育者先受教育"的原则，加强高校体育课程思政建设的关键在于培育和提升体育教师的思政建设能力。这需要注重培养体育教师的思政素养，强调严格自律和改革创新意识，并提升其思想引领、思政建设、

思政教学和思政育人能力，使他们能够充分发挥主导作用，践行以体立德树人的职责。

要培育和提升体育教师的课程思政建设能力，首先，应加强体育教师对课程思政相关理论知识的学习，包括学习马克思主义基本原理和思想政治教育基本理论，使其具备对思政教育的深刻理解，增强他们的思政育人自觉性，激发他们主动进行课程思政的动力。为此，学校可以组织专门的培训课程和研讨会，邀请思政教育专家为体育教师授课，让他们系统学习思政教育理论，了解其与体育课程的结合点和应用方法。其次，开展教师师德师风教育，引导体育教师将师德师风与教学工作结合起来。体育教师应该成为学生的良师益友，以身作则，树立榜样。学校可以通过组织教师师德师风宣讲会、师德评议等活动，引导体育教师自觉遵守教师职业道德规范，注重个人修养和道德品质的提升，将师德师风融入教学实践中，成为学生的道德引领者和良好榜样。再次，学校还应建立学习平台和参与学术研修的机制，提高体育教师的思想政治素养和教学水平。体育教师可以参与学术研究项目，深入研究课程思政的相关问题，不断提高自己的专业水平。学校可以鼓励体育教师参加学术会议、研讨会和教学交流活动，与其他学科教师进行交流与合作，开阔思维，拓宽视野。同时，建立教师互助平台，鼓励体育教师之间的合作与共享。体育教师可以相互交流教学经验、分享成功案例，共同探讨如何将课程思政理念与体育课程的实际教学相结合，互相激励和启发。最后，学校还可以加强对体育教师的激励和奖励机制，充分肯定他们在课程思政建设方面的贡献。通过评选优秀体育教师、设立思政教学奖项等方式，激发体育教师的积极性和创造力，推动体育课程思政建设的持续发展。

综上所述，培育和提升体育教师的课程思政建设能力需要全方位的支持和措施。加强理论学习、注重教师师德师风建设、提供学习平台和学术研修机会以及建立激励机制，既有助于提升体育教师的思政育人能力，更好地实施体育课程思政建设，也有助于培养具有正确思想道德观和社会责任感的优秀体育人才，为社会发展做出积极贡献。

三、研制体育课程思政建设质量标准

目前，全国还没有统一的体育课程思政建设标准，现有的体育课程思政建设标准主要依据国家颁布的《高等学校课程思政建设指导纲要》，但该指导纲要对于体育类专业和课程的指导用语过少，因此亟须研究制定出符合体育类专业和课程特点的课程思政建设指导纲要，以解决体育课程思政建设标准缺失的问题。通过制定明确的标准，可以确保体育课程思政建设的目标和要求得以明确和统一，为教师提供指导和参考，激发教师的创新和探索意识，推动教育教学方法和内容的更新与改进，从而促进体育课程思政教育质量的提高。

研制体育课程思政建设质量标准需考虑以下几点：（1）全面性和科学性。体育课程项目众多、类型丰富，不同类型的体育课程，如体育理论类课程、体育公共课程、体育实践类课程等，所蕴含的课程思政元素和资源有一定差异，因此相应的建设标准最好能全面覆盖各类型课程，最好能分门别类，有一定的区别。同时标准要基于科学研究和教育理论，确保科学性。（2）可操作性和指导性。标准应该具有实际操作的可行性，能够为体育教师提供具体的指导和实施方案，帮助他们在教学过程中准确把握课程思政的要求。首先，标准应明确指出体育课程思政的核心价值观、培养目标和预期结果，以及培养学生思想品德、文化素养、健康意识等方面的要求。这些目标和要求应该具有可操作性，能够转化为具体的教学行动和实践。另外，标准应该明确体育课程思政的内容范围、知识体系和教学内容的选择，指导教师在教学中如何有针对性地融入思政元素。同时，标准还应该提供多样化的教学方法和策略建议，帮助教师创造积极、互动和体验式的学习环境，激发学生的思考和参与，促进思政教育的有效实施。此外，标准还应该明确评价体系和评估方法。标准应该提供有效的评价指标和评估方法，帮助教师对学生的思政教育效果进行准确评估。（3）适应性和灵活性。标准需要考虑不同高校、不同学科背景下的差异和特点，具备一定的适应性和灵活性，以便各高校根据自身情况进行有针对性的实施。

四、构建开放共享的体育课程思政资源库

现阶段,高校体育教师在开展课程思政时,多数还是单兵作战式的思政资源创设局面,既耗费了大量时间,增加了工作量,效果又不理想,这极大地影响了体育教师课程思政建设的积极性。随着教育信息化的发展和数字技术的应用,可以构建一个开放共享的体育课程思政资源库,为教师和教育工作者提供丰富的资源,促进经验交流和教学改进,提升课程思政教学效率,推动体育课程思政建设的高质量发展。

构建开放共享的体育课程思政资源库,应该包括三个方面。首先,可以建立一个专门的平台,用于收集、整理和分享体育课程思政资源。该平台可以是一个在线教育平台、教育资源共享网站或专门的社交媒体平台,鼓励教师、教育工作者和专家共享他们的体育课程思政资源。资源库应该包含丰富多样的体育课程思政资源,包括教案、课件、教学视频、教学设计、评估工具等。这样可以满足不同教师和学生的需求,促进资源的多元化和全面性。该平台应该具备便捷的上传和下载功能,还可提供方便的检索和筛选功能,使用户能够根据自己的需求快速找到所需的资源。可以通过分类、关键词搜索、标签等方式进行资源的组织和归类。可以通过奖励机制、学术论文发表和知识产权保护等方式,激励和保护资源共享者的权益。此外,还可以经常举办相关的培训和研讨会,鼓励教师主动参与资源共享。其次,为了规范平台的发展,应建立明确的共享标准和规范,包括资源的版权归属、使用范围和共享方式等方面的规定。这可以帮助确保资源共享的合法性和规范性,避免侵权和滥用行为。最后,资源库可以提供协作和互动的功能,使用户能够进行资源评论、评价和分享经验。这有助于促进教师之间的互动和交流,共同提升体育课程思政教育的质量。当然,资源库需要定期更新和维护,保证资源的及时性和有效性。可以设立专门的团队或委员会负责资源库的管理和维护工作,对资源进行审核、更新和维护。

五、完善体育课程思政建设保障机制

加强体育课程思政的另一关键在于创造强有力的支持、保障条件，以调动广大教师的积极性、主动性和创造性。从目前看，重点要解决两个方面的问题。一是提高学校领导的重视程度、加强对体育课程思政建设的支持。高校领导需要强化结合学校体育专业设置和体育教学发展实际进行体育课程思政顶层设计的能力，摸索如何提升校际之间的体育课程思政建设协作能力，形成为体育教师搭建课程思政建设平台的能力，建立体育课程思政建设成效的督导能力，以及开发体育课程思政发展愿景的规划设计和执行能力。最好能制定明确的"时间表"和切实可行的"路线图"，给予组织、经费、激励等方面的保证，激发广大体育教师建设课程思政的积极性。二是要建立高校体育课程思政建设质量督导规范，形成质量评测机制及清晰的评测路径，为高校体育课程思政质量建设构建一个规范引领、机制支持与路径保障的督导评测执行框架。由于课程思政目标往往涉及态度、情感、价值观方面的内容，对其教学效果很难评估，目前并没有非常科学和完善的质量评测，现有的课堂教学评价标准对体育课程思政的特点体现不够，需进一步完善，以便更好地发挥评价指挥棒的作用。首先，应形成完备的评测制度、规范的评测程序。其构建主要顺应以下几点：第一，从学生与教师两个角度出发，分别建立与教学相关的指标，通过指标对教学内容、方式方法等方面进行动态评价；第二，创建与评价相关的量表，让评价"对号入座"，并赋予评价不同的分值，从而充分了解教师教学的优缺点，以此为突破口，取得长足进步；第三，制定与教学质量相关的激励政策，如与工资、职称相关的奖励等，鼓励与激发教师的教学热情。其次，应丰富评测方法和完善评测环节。高校对评测方法的选择及运用和评测环节的制定及完善应围绕思政教育要素、学校、体育教师和学生等评测主体进行。最后，还需优化评测工具，突出评测成效。可引入信息化的评测手段，开发"线上线下"相结合的评测工具。围绕高校体育课程思政建设制度、资源库、教学团队等要素，构建共评共测的质量评测平台，创建起相关负责人参与、师生全员参与、信息化支撑的评测模式，形成高校自评与高校互评的评测通路，使得评测过程公平公开，评测结果共享共用，持续推动高校体育课程思政建设质量提升与成效普及。

第二部分　实践篇

　　2020年教育部印发《高等学校课程思政建设指导纲要》,指出"全面推进课程思政建设是落实立德树人根本任务的战略举措,强调要"紧抓课程建设"主战场"、课堂教学"主渠道",全面推进高等学校课程思政建设,构建全员全程全方位育人大格局。文件明确提出高校要结合不同课程特点,深入挖掘课程思政元素,有机融入课程教学,达到"润心无声"的育人效果。从实践推行层面来看,教师如何结合自己的课程进行思政元素的挖掘、融合与评价是课程思政建设的落脚点,也是难点。

第七章 高校体育课程思政元素的挖掘

课程思政是一种教学改革的理念与方向,并不是要求专业课去上思政课的内容,而是要立足于专业课程本身,挖掘内生于专业课程知识体系中的思政元素融入专业课教学之中。思政元素是一门课程思政建设的"根",各课程可挖掘的思政元素不应该被窄化,除了社会主义核心价值观、中华传统优秀文化元素、宪法法治元素、职业理想元素以及职业道德元素外,一切具有精神教化功能的思政元素都应该列入挖掘的范围。

第一节 高校体育课程思政元素的挖掘路径

对于广大体育教育工作者而言,如何挖掘提炼出与专业课程高度契合的思政元素是现实难点,目前体育课程思政元素的提取还主要集中于体育精神、体育道德、优秀运动员的事迹等。对于体育课程思政元素的挖掘,可从宏观、中观、微观三个维度寻找依据,抽丝剥茧,层层聚焦。首先,从宏观的国家大政方针去梳理,比如可以从社会主义核心价值观、《关于深化教育体制机制改革的意见》《高校思想政治工作质量提升工程实施纲要》《关于加快建设高水平本科教育 全面提高人才培养能力的意见》《关于深化新时代学校思想政治理论课改革创新的若干意见》《高等学校课程思政建设指导纲要》等政策文件中寻找依据,把握好体育学科在整个"立德树人"教育任务中的思政育人方向,梳理出体育学科思政元素可挖掘的目标定位。其次,中观层面,可参照《体育学类教学质量国家标准》《国务院办公厅关于强化学校体育促进学生身心健康全面发展的意见》,本校的培养方案、毕业要求,体育专业的培养目标,体育课程定位和育人价值,大学生发展核心素养，体育与健康学科核心素养等政策规定，提炼不同体育专业和不同类型体育课程可提取的聚类思政元素。这些共性的体育学科思政元素有体育道德、体育精神、规则意识、团队意识、职业道德规范、健康意识与行为、个人品格、健康素养、价值观念、家国情怀等。最后，微观层面，还须沿循从各体育课程本身的知识体系提炼育人元素，聚焦具体课程的"个性"思政元素。可从本课程的项目技术特点、竞赛规则、项目历史文化发展、该项目优秀运动员的成才经历、优秀运动团队的事迹、重要人物的主要思想、教学大纲、实际教学的环境与时数、教学对象的特点与基础等微观层面进行深入细致的研究，从中抽丝剥茧提取出能与课程高度契合的具体思政元素。如田径类课程的勇敢坚毅、超越自我、顽强拼搏，球类课程的团结协作、规则意识、爱国精神，舞操类课程的角色意识、担当意识、责任能力，武术类课程的民族精神、尚武崇德、家国情怀，健身类课程的健康意识、审美素养等，避免生搬硬套（见表7-1）。

表7-1 体育课程思政元素的挖掘路径

维度	参考依据	挖掘侧重点	思政要素
宏观	国家相关大政方针：社会主义核心价值观、《关于深化教育体制机制改革的意见》《高校思想政治工作质量提升工程实施纲要》《关于加快建设高水平本科教育全面提高人才培养能力的意见》《关于深化新时代学校思想政治理论课改革创新的若干意见》《高等学校课程思政建设指导纲要》等	把握体育学科在整个"立德树人"教育任务中的思政育人定位	政治认同 国家意识 社会责任 文化自信 职业素养 人格养成
中观	体育专业相关人才培养要求：《体育学类教学质量国家标准》、《国务院办公厅关于强化学校体育促进学生身心健康全面发展的意见》、本校的培养方案、毕业要求，体育专业的培养目标，体育课程定位和育人价值，大学生发展核心素养，体育与健康学科核心素养等	提炼不同体育专业、不同类型体育课程可挖掘的"共性"思政元素	体育道德、体育精神规则意识、团队意识职业道德规范、核心素养、个人品格、理想信念、价值观念、家国情怀等

续表

维度	参考依据	挖掘侧重点	思政要素
微观	课程本身知识理路：本课程的项目技术特点、竞赛规则、项目历史文化发展、该项目优秀运动员的成才经历、优秀运动团队的事迹、重要人物的主要思想、教学大纲、实际教学的环境与时数、教学对象的特点与基础等	形成具体体育课程的"个性"思政元素	田径类：勇敢坚毅、超越自我、顽强拼搏 球类：团结协作、规则意识、爱国精神 舞操类：角色意识、担当意识、责任能力 武术类：民族精神、尚武崇德、家国情怀 健身类：健康意识、审美素养等

第二节　高校体育课程思政元素挖掘的方式方法

多年以来，体育教师习惯于进行知识与技能的传授，对于能力的培养与价值观引领等思政层面的关注度不够。对于一个体育教师而言，要提炼出既符合国家大政方针、学校及专业育人目标，又能与自己的课程高度契合的思政元素并非易事，这对教师本身的知识水平、教学经验、理念意识、学科领域的方向把握等都有较高的要求。因此，建议在本校以课程群的方式组建"教研共同体"，将相同类型课程或具有相同特点的一些运动项目进行聚类分析，团队定期以"组会""专题探讨"形式展开头脑风暴，或者与其他学校相同领域专家学者搭建"虚拟教研室"，通过定期线上研讨，共同研讨该类型体育课程的思政元素，建设该类型课程思政教学云端资源及案例库，并制订明晰且可行的体育课程思政教学计划，形成共建共享模式。头脑风暴法、专家访谈法、德尔菲法在体育课程思政元素的逐步确立过程中是非常值得推荐的方法，通过这样的方式提取的思政元素一般具有较高的"信效度"。以下以瑜伽课程思政元素的挖掘作为案例，详细展开说明。

第三节　案例：瑜伽课程思政元素的挖掘

选取高校公共瑜伽课课程作为案例进行扩展说明，一方面是因为笔者多年从事高校公共瑜伽的教学，在教学中已开展了关于瑜伽课程思政的教学实践和研究。另一方面，公共体育课程是高校体育课程中占据多数的基础性课程，具有教学对象广、教学内容丰富的特点，且以技能教授为主要形式，既是对不同专业大学生进行思政教育的重要途径，也是实践中课程思政较难开展好的课程类型。通过对公共瑜伽课程思政元素挖掘依据、方法选取与挖掘过程的详细阐述，为瑜伽及其他以运动技能为主要教学形式的课程思政元素的提炼，提供更加清晰具体的参照。

一、瑜伽课程思政元素挖掘的路径

对于以技能教学为主的公共瑜伽课程，蕴含哪些思政元素可供进行课程开发，这是瑜伽课程思政建设面临的第一个难题。瑜伽是一项流传了大约 5000 年的非物质文化遗产，它不仅仅是一种身体锻炼方式，更是一个包含哲学、心理学、文化和艺术等多个方面的完整体系。瑜伽的核心思想包括爱、和平、慈悲和感恩，与课程思政中弘扬社会主义核心价值观、培养正确的人生观和价值观等有着紧密的契合度。通过学习瑜伽课程，学生能更深入地理解这些思想，培养道德情操和人生态度。此外，瑜伽的身体锻炼和冥想技巧有助于建立健康、平衡的身心状态，提升学生的心理素质。通过瑜伽练习，学生能更好地掌控情绪，增强自我意识和自我控制能力，对于心理健康和自我管理能力的培养具有重要意义。另外，瑜伽经典中的思想元素也涵盖了提升道德层面的观点，如强调非暴力、忠诚、节制和清洁等，这些不仅是瑜伽哲学的核心，也是个人成长和社会和谐的基础，对于培养大学生的个人品格和道德修养具有重要价值。瑜伽修行也注重个人与社会的关系，可以通过提升自身的素质和能力为社会做出贡献，这与思想政治课程中的社会责任和公民意识内容相呼应。此外，瑜伽注重人与自然的和谐，通过呼吸、冥想和体位练习等方式与自然融合，与思想政治课程中的生态文明和可持续发展内容相呼应。最后，瑜伽的文化元素为挖掘课程思政元素提供了丰富的素材，如瑜伽源于印度文化，其传统服装、音乐和美术等元素有助于学生了解不同文化间的差异，增强文化素养。总之，瑜伽作为非物质文化遗产蕴含着丰富的思政元素，有助于培养学生正确的人生观、价值观和道德修养，提升心理素质和自我管理能力。

尽管瑜伽蕴含着丰富的思政元素，但目前尚未有人对瑜伽的思政元素进行系统的挖掘和整理。因此，笔者在提炼瑜伽课程的思政元素时，参考国家关于课程思政相关政策的规定，并主要从瑜伽文化、瑜伽历史发展、重要人物的经典著作及其思想等方面进行了梳理。其中，帕坦伽利以及他的《瑜伽经》在初步构建瑜伽思政元素时发挥了关键性作用。帕坦伽利被尊称为古印度瑜伽之祖，在所有瑜伽阐述中地位最高，他提出的哲学思想和原理被公认为通向精神世界的里程碑。帕坦伽利最重要的理论成果就是《瑜伽经》，该书被誉为瑜伽中最重要的经典著作。它是人类历史上第一部系统阐述瑜伽理论和修持之道的经典，是瑜伽的根本经典，也是所有瑜伽的基础。《瑜伽经》在瑜伽领域广为人知，丰富的瑜伽理论和知识逐步形成了一套完整的体系，为瑜伽哲学的形成奠定了基础。这部不朽的经典所提出的瑜伽八支模式成为一套完整的生命管理模式，瑜伽八支也成为对后世影响最深远的修行方法。瑜伽八支包括禁制、劝制、体式、调息、制感、专注、冥想和三摩地。它们可在整体上分为内支和外支，前五支是外支，被称为"外修法"，主要修行个人行为，后三支是内支，被称为"内修法"，主要修行体内的精神活动（瑜伽八支详见图7-1）。外支和内支又可根据内容细分为多个分支，每个分支都蕴含着丰富的思政元素，具有重要的教育价值。瑜伽八支成为提取瑜伽思政元素时最基本的参考依据。

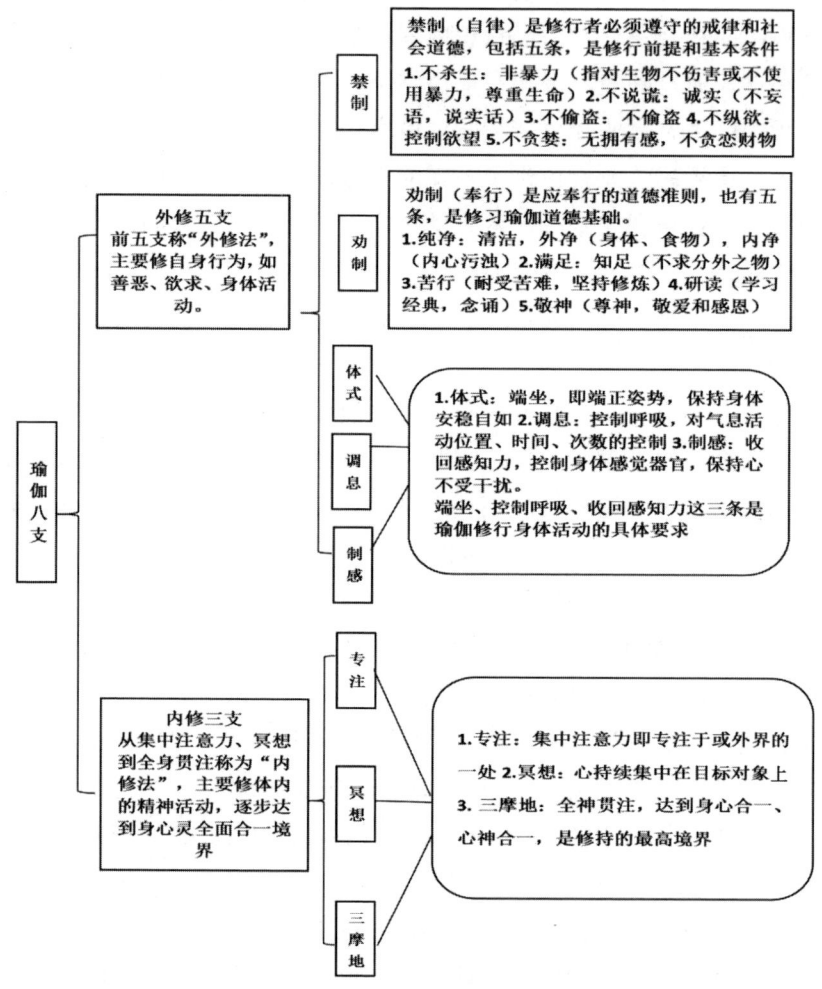

图 7-1 瑜伽八支分法的具体内容

二、高校公共瑜伽课程思政元素提炼的具体过程与方法

基于以上依据，笔者首先初步提取出瑜伽思政元素的 5 个一级指标、26 个二级指标（详见表 7-2），然后选取同行业教学经验丰富的专家进行三轮德尔菲法进行指标的筛选，提炼出瑜伽蕴含的 4 个一级指标、14 个二级指标的思政元素（详见表 7-3）。

表 7-2　初步提炼的瑜伽思政元素指标

一级指标	二级指标
A 社会道德规范	A1 尊重生命，心有大爱 A2 心怀敬意、谦卑有礼 A3 克制欲望，心意平静 A4 不贪婪，知足常乐
B 审美素养	B1 坐姿美 B2 手印美 B3 呼吸美 B4 动作美 B5 意志美 B6 和谐美
C 意志品质	C1 专注：专注当下，平和内心 C2 自律：控制欲望、行为稳定 C3 诚实：真实自我、知行合一 C4 坚韧：坚持不懈、持之以恒 C5 勇敢：不畏困难，敢于挑战
D 生命健康观	D1 身体活动：姿势调整、调息、控制身体 D2 精神活动：集中注意力、冥想、全神贯注 D3 身心灵和谐统一的全人生命观 D4 健康的生活方式 D5 积极向上的生活态度
E 核心素养	E1 人际沟通能力：交流、合作、表达 E2 情绪管理能力：情绪识别、理解、表达、调节 E3 社会适应能力：生活自理、挫折应对、合作分享 E4 自我认知能力：认知自我、自尊自信、自我控制 E5 专项技能：终身学习、持续精进、奉献热爱 E6 礼仪素养：团结友爱、互帮互助

表 7-3　最终提炼的瑜伽课程思政元素指标

一级指标	二级指标
A 社会道德规范	A1 非暴力：温和、慈爱心 A2 节制：不纵欲、不贪婪 A3 谦卑：懂感恩、心怀敬意

续表

一级指标	二级指标
B 意志品格	B1 专注：专注当下，平和内心 B2 自律：自我控制、行为稳定 B3 诚实：真实自我、知行合一 B4 坚韧：坚持不懈、持之以恒 B5 勇敢：不畏困难，敢于挑战
C 生命健康观念与行为	C1 身心灵和谐统一的全面发展观 C2 健康的生活方式 C3 积极向上的生活态度
D 核心素养	D1 情绪管理能力：对情绪的识别、理解、表达、调整的能力 D2 自我觉知能力：对自己思想、情感、行为和身体状态的认知能力 D3 专项水平：终身学习、持续精进

虽然提炼出符合瑜伽这个项目丰富的思政元素，但考虑到高校公共瑜伽的课程性质、授课课时、授课场地器材限制、大学生这一教学对象的特殊性，在有限的教学时间和教学空间里不可能将所有的元素都能融入课程中。为了让课程获得更好的教学效果，又进一步在对具体学情分析的基础上，与本校同课程的多位老师进行了讨论，最终进一步高度凝练出最契合本校公共瑜伽课程特点、最具有可实践性的思政元素。整个思政元素的提炼过程与方法见图 7-2，最终列入本校公共瑜伽课程的思政元素见表 7-4。

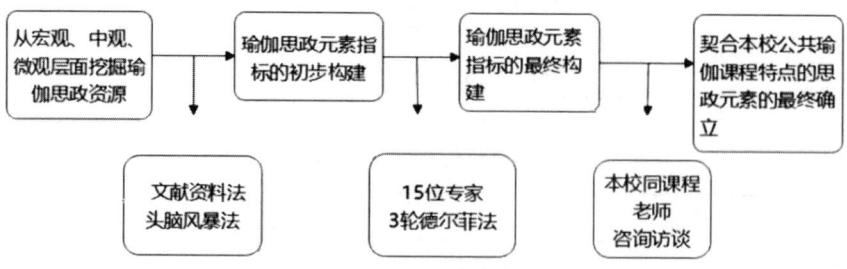

图 7-2 瑜伽课程思政元素挖掘过程与方法

表 7-4　最终确定列入本校公共瑜伽课程的思政元素

一级指标	二级指标
A 生命健康观念及行为	A1 身心灵和谐统一的全面发展观 A2 健康的生活方式 A3 积极向上的生活态度
B 心理健康水平	B1 情绪管理：对情绪的识别、理解、表达和调整 B2 自我觉知：对自己思想、情感、行为和身体状态的认知
C 道德规范	C1 非暴力：温和、慈爱心 C2 节制：不纵欲、不贪婪 C3 谦卑：懂感恩、心怀敬意
D 意志品质	D1 专注：专注当下，平和内心 D2 自律：控制欲望、行为稳定 D3 坚韧：坚持不懈、持之以恒 D4 勇敢：不畏困难、敢于挑战

第八章　高校体育课程思政元素的融入

提炼的思政元素只有经过精心的教学设计融入体育教学实践中，才能将立德树人的育人目标落到实处。这种融入须遵循"以学生为中心、一致性建构，产出导向、反向设计，溶盐于汤、润心无声"的原则，并通过思政目标的设定、思政内容的开发、教学活动的组织几个环节的融入，将学生课前、课中、课后时间进行整合，以实现全方位育人、获得育人效果的最大化。

第一节　高校体育课程思政元素融入的原则

一、以学生为中心、一致性建构

以学生为中心、一致性建构原则基于一致性建构理论提出。一致性建构理论是澳大利亚教育心理学家约翰·比格斯（John Biggs）于1996年提出的课程设计理论，该理论认为知识是学习者在特定的情境中通过学习活动建构获得的，而不是通过教师传授得到的。该理论强调学习者的认知主体作用，认为教学只是学习的催化剂，教师的任务是营造一个鼓励学生开展学习活动的环境，并根据预期的学习成效对学生的学习效果进行评价。依据该理论，将思政元素融入教学时要充分遵循"以学生为中心"的"一致性建构"原则。首先，"以学生为中心"就是强调要充分发挥学生的主动性和创造性，为学生构建一个有效的学习支持系统。体育教师要改变习惯于从"能教什么""如何教"的单向输出思维进行设计的思路，转向从关注学生"要学什么""爱学什么""如何学"的角度进行系统性、多样化设计。采取能加强师生互动、增加学生参与度的教学模式，引导学生开展多样化的"课程思政"探究式学习，充分发挥学生的积极性、主动性，使学生成为课程思政学习和实践的主体。其次，按照"一致性建构"原则，将课程思政元素融入教学时，不仅要让课程目标和各单元的学习目标保持内在的一致性，而且在学业标准、教学活动、学业评价、课程资源建设、服务支持等环节都应保持一致，以实现学习目标为宗旨，构建一个有效的学习系统。

二、产出导向、反向设计

产出导向、反向设计的原则来自成果导向教育（Outcome-Based Education，简称 OBE）。成果导向教育最早在 20 世纪 80 年代由美国学者威廉姆·斯帕蒂（William G）提出，是一种以学生的学习成果为导向的教育理念，其人才培养体系的核心观点为教学设计和实施目标是学生通过教育过程最后取得的学习成果。强调课程设计与教学要清楚地聚焦在学生完成学习过程后所达到的最终学习成果，并让学生将他们的学习目标聚焦在这些学习成果上，教师要以这些学习成果或顶峰成果为起点，反向进行课程设计，开展各种教学活动。按照该原则将课程思政元素融入教学实践时，教师需清楚地知道通过该课程希望学生能获得怎样的思政育人效果，这些效果要尽量能测量、能实现，最好是具体的可清晰描述的。为了达到这些效果，反过来思考教学目标、教学活动该如何设计，教学设计始终围绕学生最后要获得的思政效果展开。教学评价不能简单停留在教师讲了练了，就完成了教学任务，而应该关注学生是否通过该课程形成正确的政治方向，是否能够用正确的世界观、人生观、价值观以及科学的思维模式分析和解决问题，实现"知行合一"。

三、溶盐于汤、润心无声

将思政元素融入体育专业课程，就像给汤中加盐一样，要掌握好度，咸淡要适量。过多的育人元素会影响专业知识的正常教学，容易出现专业课上成思政课之嫌，冲淡专业课程的知识学习和能力培养主题，而育人元素融入不足又难以发挥专业课程应有的育人功能。因此对于一门具体的体育课程而言，首先，应当确定各章节或各模块育人元素承载量，反对"节节课里有思政"以及"个个知识点见育人"等错误观念，而是要根据专业内容合理渗透思政理念。其次，要合理规划每个思政点在教学中所占的时间比例，避免一个知识点里面的思政内容耗时过长。专业课的教学时间是有限的，专业课教学内容本身也是有体系的，课程思政内容只应该是专业知识点的自然延伸和拓展，不能耗费大量时间进行详述，更多的是点到为止，让学生自己领悟。再次，要精选课程思政资源，并与专业知识点自然融合，做到"言语中无思政"却又"处处渗透思政理念与思想"，以"润物细无声"的方式获得育人效果。与其他课程不同，体育课程尤其是以技能为主的课程更强调身体实践的直观体验，注重学生在学习过程的"体验"与"体悟"，进而实现学生的全面发展。体育课程的这一特点决定了体育课程思政建设若想真正实现"育体"与"育德"兼顾，就必须"寓德于体、融道于术"，才能获得有教无痕、润心无声的效果。因此，体育教师可通过教学环节的"自然延伸"或创设运动情景将思政元素巧妙融入，如民族传统体育类课程可通过课程前后的行礼环节渗透文明礼仪教育，在套路练习过程中感悟中华传统文化的魅力；瑜伽课可通过创设不同主题的冥想引导词，在冥想调息环节传递专注当下、内心平和的意志品质与心境，通过体式、冥想和呼吸三维练习，传递身心合一的健康理念；球类课程通过规则的讲解培养规范意识，通过组织竞赛与观看比赛培养合作意识、团队精神、爱国情怀等；舞操类课程通过汇报演出、套路创编培养创新思维、审美意识、集体主义精神；田径课程通过循环往复的练习，磨炼筋骨，培养吃苦耐劳、坚毅、不断突破自我的意志品质等。

第二节　高校体育课程思政元素融入的路径

一、思政目标的设定

思政元素提炼好以后，要化为具体的思政育人目标。首先，须将提炼的思政元素转化为具体思政育人目标写入大纲的教学目标中。关于目标的描述，要从学习者的视角，用学生可接受、能理解的方式表达。其次，根据大纲总体学习目标，结合课程主要教授内容，细化每个内容模块的思政育人目标，确定每节课的思政学习目标以及与其对应的教学评价体系。每节课的思政目标来自对大纲思政目标的具体分解，视每节课专业知识点所蕴含的思政元素的挖掘情况而定。要注意几个问题：一是"度"的问题。章节目标不能太多也不能太少，不能为了目标而设置目标，应该基于对具体内容知识点的深度剖析，关注课程知识点自身的思想政治教育负载空间和张力，找准结合点，确实能顺其自然巧妙融入的，就在该章节设置思政目标，单次课的思政学习目标的设定必须基于"学情"，具体呈现在教案中。二是在目标设置上要充分考虑这类内容传递时的深度、广度、迁移度及情感体验复杂度和共情度。由于课程思政元素往往涉及情感态度和价值观，在涉及同一思政主题的教学上，思政目标的设置要体现一定的逻辑性和层次性。三是需要考虑是否可实现。鉴于不同章节思想政治教育元素挖掘深度的不同、课程自身所需采取的课型以及教学方法的差异，单节课的思政学习目标应"因地制宜""因时制宜"，不应该僵化。具体到学习目标的设定，应该立足可实现的维度、程度等方面，以保证课程思政教学的有效性。四是考虑是否可评价。要以"评价"为导向，从知识、能力、情感、态度、价值观等维度进行描述，要对目标达成的层次进行分级描述。

二、思政内容的开发

将思政元素转化为具体的思政育人目标以后，需要根据目标对思政内容进行解构与重构。首先，在原有专业知识内容的基础上，根据课程目标和学习目标，分析具体可挖掘思政点的内容，收集资料，并把这些内容整理成思政内容资料库，形成初步的思政育人内容"毛坯"。这些思政知识点应该是课程内容或相关知识点的自然延伸，如该项目优秀运动员的成才经历、优秀品质，该项目优秀团队的事迹、传递的体育精神，技术动作本身蕴含的哲理内涵，赛事规则蕴含的规范意识、争议问题，体育教师应该具备的职业与专业素养、师德师风等，避免牵强附会、生搬硬套。其次，对收集的这些内容进一步细化和深入化。这一步需要结合对学情、教学背景的综合把握，对已有的思政内容做出取舍。要充分遵循"以学生为中心"的原则，探寻立足学生成长规律与贴近学生内在需求的思政内容，使这些内容本身具备良好的心理接受基础，让学生乐于接受并认同其价值意蕴，并能积极转化为自身的理想信念和行为习惯。另外，须结合教学目标确定具体的教学层次、维度、侧重点，建立思想政治教育知识点之间的关联，形成育人主线。最后，须对这些内容进一步"精雕细琢"。找准专业知识点与思政点之间的最佳结合点，让专业知识自己说话，教师关于课程思政内容的讲授不能影响或干扰正常的课程教学，要寓价值观引导于知识与技能传授之中，引发学生自己体悟与思考。在此基础上，最好能形成清晰的思政知识点图谱。

三、教学活动的组织

教学活动的组织要有助于学生达到课程既定的思政学习目标，这可通过教学模式与方法的创新、教学服务支持来实现。

1. 教学模式与方法的创新

由于体育课程思政效果的体现具有长期性与综合性，而体育课程的教学课时非常有限，单纯依靠线下进行课堂教学的模式已经无法满足教学所需，体育教师要创新课程思政教学的模式与方法，建议利用智慧教学平台如学习通、腾讯会议、在线教室（Classin）、雨课堂等建设混合式课程，采取线上线下混合式教学模式，整合线下、线上的资源，将学生课前、课中和课后的时间充分利用起来。

线上部分可安排一些认知性内容或技能跟练内容，让学生在课前自主学习。如可根据课程的不同，将以下内容有选择性地放在线上：项目的特点，器械的使用说明，技战术规则，发展过程、优秀运动员和团队的事迹，一些组合练习套路，技术要点、相关重要赛事，常见健身或体态问题的评估、原理及运动处方思路与方法，运动损伤的处理，体育领域前沿发展动态，相关学术文献等。将其中的相关内容知识体系化整为零，利用微电影、短视频等符合大学生学习特点的"微"手段上传线上，供学生自主学习。针对体育课程线下练习情况难以监督的情况，还可借助有云计算、大数据、AI、AR、人工智能等前沿技术的网络平台管理学生自学情况，如可通过"天天体育""活力街""keep""体智云"这样的App监督学生课下练习情况、布置体育作业及实施在线实时点评互动、后台数据收集等，丰富学生的学习形式，激发学生的学习兴趣。

线下主要是检验线上学习成果以及拓展线上学习的深度，考察学生对知识的理解和技能掌握情况，最重要是培养学生运用知识、技能分析解决问题及创新思维等高阶能力。建议开展跨学科主题教学、研究性教学、案例教学、问题教学、情景教学等，让学生通过方案设计、自主探究、组织赛事、情景展示、对抗练习、团队竞技等多种形式培养自主学习和合作学习的能力，提升学科思维能力、解决问题能力和分析判断能力。体育教师还应围绕课程思政目标，把课后的时间充分整合起来，打通理论与实践通道，拓展教学的时空。可以通过成立体育俱乐部组织相关训练、研讨、竞赛表演，去中小学、社区、健身场所进行教育实训，去公园、养老院等开展体育社会服务，去体育相关企业、协会组织、体育博物馆观摩学习，通过组织观看体育赛事、展开赛事解读等各种形式展开实践教学活动，培养学生的社会责任感以及在实践中发现问题并运用所学知识技能解决问题的能力。

还可安排学生参与体育教研活动、观摩体育优质展示课、参与大学生创新创业大赛以及组建体育科研团体或参与体育科研会议等，进一步加深学生对体育教师角色和工作性质的理解，培养学生的科研思维与研究能力，提升体育素养，促进学生深度学习。通过线上与线下的方式，让学生在掌握知识与技能的同时，形成终身锻炼的意识与习惯，提升身体素质与体育品德，潜移默化地达到思政育人的目的。

2. 教学支持

要对学生达成学习目标提供必要的支持。这些支持包括技术支持、学生服务支持和教学活动管理等。如要为学生提供丰富的学习资源，并明确告知学生学习的渠道、链接、具体操作或者搜索方法；要为学生课上和课后学习及练习提供器材设备、场地设施、各种咨询答疑服务工作；要为学生提供与学习内容、同伴、教师三者之间的互动机会，激发学生的学习兴趣，引导学生主动持续性地学习，如教师可设计观看视频、自主阅读等环节加强学生与学习内容的互动；通过技能展示或竞赛、小组合作、相互纠错，加强学生与同伴的互动；通过教师及时指导纠错、答疑、反馈等，加强与学生的互动；通过设置案例讨论、研讨等，加强学生、教师、同伴三者间的互动。教师要对各种活动进行必要的引导和监控，针对问题及时进行调整。

第三节　案例：瑜伽课程思政元素的融入

基于对高校瑜伽课程思政元素的提炼，以教学设计理论为依据，从教学目标、教学内容、教学过程、教学方法几个环节将思政元素融入整个瑜伽教学设计中来。

首先，根据提炼的思政元素（见表7-3），将瑜伽课程的思政目标设定为：

（1）促进学生形成身心一统的整体健康观念、健康的生活方式和积极的生活态度。

（2）塑造学生不畏困难、坚韧、专注、自律、节制的意志品质。

（3）培养学生谦卑、感恩、仁爱、平和非暴力的道德修养。

（4）教会学生情绪管理和自我觉知的技巧与方法，帮助其提升心理健康水平，实现心灵成长。

其次，目标明确后，进一步分析需要融入的内容。瑜伽课程是一门技能为主的实践课程，融入的内容不能有太多"割裂"的理论讲解，而是要贴合教学实际，以"润物细无声"的方式融入教学环节之中。一直以来，高校瑜伽课程多以体式教学为主，教学的目标也多停留在身体促健层面，要想实现以上这些课程思政的目标，需要打破只重体式的教学，丰富教学内容。瑜伽以身心灵的和谐统一为其终极目标，这种和谐统一使个体在日常生活中更加平和、坚韧和有意义，成为一个更加全面和谐的个体。在瑜伽中，身体是精神实践的载体，瑜伽体式和呼吸练习可以强化身体的力量、灵活性和平衡感，促进气血的流通，缓解身体的酸痛，改善不良体态等，达到身体的健康和平衡。但同时，瑜伽也注重通过意识觉察、冥想和正念练习增加心灵的平静和专注，减少心灵的波动和杂念。心灵的和谐意味着个体能够更好地管理情绪，平衡内在的情感和心理状态，减轻压力、焦虑和抑郁等负面情绪，实现内心的宁静与平衡。而通过深入的冥想和自我觉醒，个体可以认识到自己是宇宙的一部分，与宇宙间的一切生命都有着紧密的联系。个体的觉醒意味着从个体的局限性解放出来，拥抱更广阔的宇宙，实现身心灵与宇宙的和谐统一。因此，瑜伽教学应该注重个体在身体的锻炼、心灵的冥想和精神的觉醒中实现内外在的平衡，而不只是教授身体锻炼的方法与技能。基于此，笔者除了将体式列入教学内容，还将呼吸、正念、冥想纳入教学中，以帮助学生从身心两个维度全面提升，实现课程思政的教学目标。在体式的选取时，打破按照体式本身的系列来确定内容的一贯方式，而是基于问卷调查对学生身体状况和课程需求的数据分析，针对学生最多最常见的身体问题（如肩颈酸痛、腰背疼痛等）和最主要需求（体态调整、身体素质提升、减脂塑形等）确定对应的体式，力求在有限的课时中最大程度地改善学生的问题和满足其主要需求，从而实现课程在身心促健方面的教学目标；对于呼吸和冥想的练习，也不是简单的形式上的叠加，而是基于思政目标有针对性地创设不同主题，将思政内容渗透进每一节课的冥想环节中。

最后，选择合适的教学形式与方法。好的教学形式与方法能极大地激发学生的学习兴趣，从而更好地实现教学目标。过去对于体式的教学，主要是对体式技术要点的讲解与示范，讲解法与演示法是主要教学方法。这种教学方法的口令也多停留在技术要点层面，而忽略了完成体式过程中及时引导学生克服困难、坚持不懈、专注当下等这些意志品质的培养，而冥想调息的练习也多是蜻蜓点水般带过。因此，根据课程思政的目标，创新了教学形式与方法，主要以主题教学的形式展开，将冥想词、体式选取、休息术引导词融入其中，课程教学过程在不同的环节及时进行相关的引导。由于课时有限，为了拓展学习的时长，采用线上线下相结合的教学模式，通过语音引导、仪式创设、双人辅助、团队合作、唱诵、小组展示、话题讨论等方法展开具体的教学。整个瑜伽课程的教学设计思路如表 8-1 所示。

表 8-1　高校公共瑜伽课程思政教学设计思路

思政元素	思政育人目标	教学内容	教学模式	教学形式与方法
生命健康观念及行为	促进学生形成身心一统的整体健康观念、健康的生活方式和积极的生活态度	体式 正念冥想 呼吸 休息术	线上线下相结合	主题教学 语音引导 创设仪式 双人合作 小组展示 话题讨论
心理健康水平	教会学生情绪管理和自我觉知的技巧与方法，帮助其提升心理健康水平，实现心灵成长	体式 正念冥想 呼吸 休息术	线上线下相结合	主题教学 语音引导 创设仪式 唱诵
意志品质	塑造学生不畏困难、坚韧、专注、自律、节制的意志品质	体式 正念冥想 呼吸	线上线下相结合	主题教学 语音引导 双人辅助
道德规范	培养学生谦卑、感恩、心怀善意、平和非暴力的道德修养	体式 正念冥想 呼吸 休息术	线上线下相结合	主题教学 语音引导 创设仪式 唱诵 合作练习

第九章　高校体育课程思政效果的评价

体育课程思政效果的评价是体育课程思政建设的难点，也是相关研究的热点。由于体育课程思政并非是单独的一门课程，而是融入体育专业课程之中的思政内容，很难从专业课程体系中剥离出来单独评价，加之提取的思政元素往往涉及情感、态度与价值观，效果的体现具有长期性、综合性，其评价也非简单的数据就能衡量。因此，对于体育课程思政效果的评价既可以借鉴专业课程的课程评价、教学评价思路，同时又要与传统意义上的课程评价与教学评价在评价内容、评价的重点、评价的方式方法方面有所区别。尽管 2020 年以来有学者尝试构建了一些评价指标体系，但这些指标的科学性、准确性、适用性都还值得商榷。实际上，由于体育课程性质的特殊性、多元化，各课程涉及的思政元素具有丰富多元性，很难用一套标准的指标体系准确评价。对于广大体育教育从业者而言，更加有效的方法是在掌握正确的评价思路和方式方法的基础上，根据实际情况创造性将其运用到自己的课程评价之中。

第一节　高校体育课程思政评价的目的与侧重点

对于体育课程思政的评价首先要清楚评价的目的是什么、谁评价、评什么，然后才是怎么评的问题。如果评价的目的是提升体育教师或某个教学团体的整体课程思政建设水平，就需要对体育课程思政进行全过程、全方位的综合性评价。这种综合性评价可以借鉴 CIPP 的教学评价模式。CIPP 模式是 1967 年由美国学者丹尼尔·勒罗伊·斯塔弗尔比姆（Staff Lebeam D.L.）提出的，这一模式由背景（context）评价、输入（input）评价、过程（process）评价和结果（product）评价四项活动组成。该模式注重对教师"教"和学生"学"的全过程进行综合性评价,不仅能对课程建设的效果好坏给予反馈,还有助于及时发现教学中存在的问题,因此对高校体育课程思政的综合性评价具有较好的借鉴意义。基于该模式,高校体育课程思政综合性评价可从课程思政建设基础背景、课程思政资源配置、课程思政教学活动、课程思政实施效果四个环节展开(详见表9-1)。

表9-1 基于CIPP模式的体育课程思政综合评价

CIPP评价活动	课程思政评价活动	课程思政评价目的	课程思政评价指标维度	课程思政评价方法
背景评价	课程思政建设基础环境	考察课程思政实施方案的必要性	国家社会需要 学校、专业改革发展需要	文献资料法、调查法、访谈法
输入评价	课程思政资源配置	考察课程思政实施方案的可行性	课程设计方案 相关教学资源配置 教师教学能力基础	调查法、访谈法、观察法
过程评价	课程思政教学活动	发现教学实施过程中潜在的问题,及时调整改进	教学过程与教师表现 学习过程与学习表现	现场观察、随堂听课、跟踪监测、资料检查、问卷调查、座谈交流等
结果评价	课程思政实施效果	判断课程思政教学活动达到思政育人目标的程度	教学效果 课程整体影响	访谈法、调查法、观察法、资料检查法

如果评价的目的只是为了解学生在多大程度上达到了课程设置的思政育人目标(学习效果评价),可针对课程设置的具体思政目标进行分类评价。目前的体育课程思政目标涉及的类型及评价侧重点如下:(1)知识(或技能掌握)效果类(运用与创新)。根据布鲁姆的认知层次理论,体育课程思政这类目标应重在评估学生在复杂的运动情景中

运用知识或技能解决实际问题的能力，知识的迁移创新能力，如训练创新思维、竞赛等真实情境中的技战术应变能力、大众现实健康及体态问题评估及解决方案、常见运动损伤的防范与处置等。（2）情感态度效果类（接受与认同）。重在评估学生对课程传递的情感类目标的接受与认同程度，如家国情怀、政治认同、法制规范意识、社会责任感、体育精神、职业热爱等。（3）价值效果类（内化与体系化）。重在评估对课程传递的价值目标的接受、认同以及内化为个性化价值体系的情况，如价值观、人生观、世界观等。（4）行为效果类（外化与践行）。重在评估学生通过学习后在日常生活中的自觉践行情况，如在实践中体现出的体育意志品质、体育素养、健康文明的生活方式、体育锻炼习惯等情况。对于每一种类别采取何种评价方式方法，须遵循有效度、易操作、尽量客观几个原则。有效度是指选取的方法要确实能客观测量出想要评价的目的；易操作是要考虑评价方法在实际运用中的便捷性，尽量让评价数据易于收集；尽量客观是指虽然课程思政的育人目标多涉及情感态度价值观方面，但评价方式方法的选择仍要尽量避免评价者太过主观、经验性的判断。综合来看，针对不同类型的育人目标，应选择性地采用定性评价与定量评价相结合、诊断性评价与发展性评价相结合、形成性评价与终结性评价相结合的多元评价模式（见表9-2）。

表9-2　体育课程思政效果的多元评价模式

评价类型	评价侧重点	评价方式	评价方法	评价主体
知识（或技能掌握）效果类	运用与创新	定性与定量评价相结合 诊断性评价与发展性评价相结合 形成性评价与终结性评价相结合	量表、实验、调查、统计、测验、技能展示、创设真实情境（如比赛、团队竞技、创编套路、汇报演出、现场教学、赛事裁判表现、现场突发状况的处理）进行表现性评价	教师（或评委）评 同伴互评

续表

评价类型	评价侧重点	评价方式	评价方法	评价主体
情感态度效果类	接受与认同	定性与定量评价相结合、诊断性评价与发展性评价相结合、形成性评价与终结性评价相结合	问卷调查、访谈、观察、量表、测验（开放式问题）	个人自评 同伴互评 教师评
价值效果类	内化与体系化	定性与定量评价相结合、诊断性评价与发展性评价相结合、形成性评价与终结性评价相结合	问卷调查、访谈、观察、量表、测验（开放式问题）	个人自评 同伴互评 教师评
行为效果类	外化与践行	定性与定量评价相结合、诊断性评价与发展性评价相结合	问卷调查、访谈、观察、持续追踪、档案袋记录、校友走访、成果收集	个人自评 同伴互评 教师评

第二节 高校体育课程思政效果评价方式方法

一、质性评价与量化评价相结合

质性评价是评价者通过各种方式收集资料对评价对象做出描述性评定的一种方式。质性评价虽然基于一定的评价目标和范围展开，但一般没有非常细致的评价指标和标准化程序，评价的方式具有较大的灵活性，收集的资料往往是非数量化的，旨在从下向上归纳形成对被评价对象完整的看法。量化评价则往往采用一套标准的程序，收集评价对象涉及的相关资料，将其转化为可以量化的数据，通过一些量化统计分析方法对这些数据进行分析，根据数据结果来达到评价目的。量化评价的优点是逻辑性强、标准化和精确化程度较高，有利于减轻评价主体的主观随意性，实践中具有较强的操作性。由于体育课程思政往往涉及情感、态度、价值观方面的内容，这些方面的评价很多都无法精准量化，且评价的目的更多是关注学生相关方面的成长变化而非与其他学生区分出优劣等级，因此要根据具体评价的思政育人目标，采取质性评价为主、质性评价和量化评价相结合的方式。一方面，在课程思政实施的过程中，教师可通过课堂仔细观察，与学生展开讨论、深入访谈、调查、创设复杂运动情景等一些方式方法，收集学生平时的表现，形成学生个人的学习表现档案记录，并基于这些资料进行定性评价，评价应该更注重描述性评价而非区分性评价；另一方面，为了避免质性评价太过人为主观因素干扰造成评价信度和效度不足的问题，在其中某些方面能量化的情况下，宜加入量化评价的方法，如量表、实验、调查、统计、测验等，对于收集到的各种质性资料，尽量采用数学处理方法对定性评价所得的结果进行量化处理，即定性评价定量化，以确保评价结果的相对客观和真实。

二、诊断性评价与发展性评价相结合

诊断性评价是在教学活动开始之前对所涉及的教与学的各方面基础准备状况进行预测的一种评价方式。聚焦于课程思政的诊断性评价，其目的一方面是了解学生在课程开始前的思想状况、心理特征、身体素质状况、学习基础、兴趣爱好等基本学情，以帮助教师更好地设置课程思政育人目标以及做好课程思政教学方案的设计；另一方面，应基于课程设置的相关情感、态度、价值观等思政育人目标，进行基础数据的收集，与课程结束后的相关数据进行前后对比，以评价其受课程影响的程度。具体可采用的评价方法有问卷调查法、访谈法、观察法等。发展性评价是指围绕一定的培养目标，师生双方共同商议制定彼此认可的目标，并通过合适的方式与方法，对学生的变化进行价值评判，以促进学生不断自我完善，实现预定发展目标的过程。课程思政的目标不仅在于当下的知识学习与情感态度的感受，更在于价值观上的持续改造以及实际生活中的行为表现。因此，不仅要对学生课堂内的表现进行评价，更需要对学生课堂外的改变进行持续性的跟踪评价。对于体育教师尤其是专业课体育教师而言，可与学生辅导员、学院领导以及用人单位保持一定的联系，通过成长档案记录法收集学生的发展性资料，如通过学生日常管理、综合测评等手段关注在校期间有无行为失范，通过跟踪调查、校友走访等手段进一步考察学生毕业后从业期间有无职业失范、是否坚持正确价值观、积极工作的持续性动力是否充足等，有效整合这些资料数据可以深度评价课程思政的有效性。

三、过程性评价与终结性评价相结合

过程性评价是指贯穿于课程教学活动中的动态评价。其评价目的不在于区分学生的等级水平，而在于及时反映学生学习中的情况，及时进行调整，促进学生学习效率的提升和优化教师教学水平[3]。终结性评价是在课程完成阶段性目标任务或教学周期结束后，对课程实施效果进行的评价，目的是对学习目标的达成度进行检验，评价的结果一般会涉及等级评定。课程思政效果的评价基于促进学生发展的根本目的，应坚持以过程性评价为主、过程性评价与终结性评价相结合的方式。在体育课程思政建设过程中，教师采用过程性评价，须注意收集平时课内外能反映学生情感、态度、价值观方面的材料，并留意其中的影响因素，及时对教学做出调整。可采用的方法有课堂表现观察（出勤率、积极性、专注度、参与度等）、跟踪监测、资料检查、问卷调查（开放性问题或封闭性问题）、座谈交流（结构性、半结构性或非结构性）、学习档案记录、弹幕实时信息采集等。过程性评价可将学生自评、互评、教师评结合起来运用。体育课程思政的终结性评价有助于教师了解学生最终的学习效果，除了采用传统的技能、套路展示、试卷测试考察其知识和技能的掌握情况以外，教师还可通过创设真实情景或制定特定任务进行表现性评价（当然这种表现性评价也可运用在过程评价之中),如通过竞赛、创编套路、展演、汇报演出、现场教学、赛事裁判表现、现场突发状况的处理等,教师可根据其表现评价其知识和技能的运用与创新能力以及从中体现出的情感、态度、价值观等。

第三节 案例:瑜伽课程思政效果评价

教学考核评价可以及时反馈教学效果和学生学习效果,体育课教学考核评价通常是教师对学生的技术知识、技术技能以及身体素质进行考核,形式较传统和单一,不能满足现代教育教学的理念。课程思政理念下的高校瑜伽课教学评价,在注重专项技能评价的基础之上,更加注重思想政治教育的评价。高校公共瑜伽教学考核评价与评价体系如表9-3所示。

表9-3 公共瑜伽课程思政评价方案

思政育人目标	评价方式	评价方法
促进学生形成身心灵和谐统一的全面发展观念和积极健康的生活方式	过程性评价 发展性评价 质性评价	持续性问卷调查跟踪(课程结束时、结束半年后、结束一年后) 课堂观察 个案访谈 心得体会 成长档案记录
塑造学生勇敢、坚韧、专注、自律节制的意志品质	过程性评价 发展性评价 质性评价	问卷调查 个案访谈 体式前后对比 学习表现档案记录
培养学生谦卑、感恩、心怀善意、平和非暴力的道德修养	过程性评价 发展性评价 质性评价	问卷调查 课堂观察 个案访谈 学习表现档案记录
教会学生情绪管理和自我觉知的技巧与方法,帮助其提升心理健康水平,实现心灵成长	过程性评价 发展性评价 质性评价	问卷调查 课堂观察 个案访谈 心理测试量表

第三部分　分享篇

　　提供开放共享的体育课程思政资源一直是广大体育教育者的共同诉求。当前有许多课程思政的优秀案例公开共享,从某种程度上给体育课程思政提供了思路,但由于学科背景、课程特点不同,体育课程的教师仍需要很多与体育课程相关的案例和资源,方便借鉴学习。本书主要分享瑜伽课程及其他运动项目体育课程思政相关资源,以供参考。

第十章 瑜伽课程思政相关教学资源

第一节 瑜伽课程思政教学大纲

这里提供一份针对全校学生开设的公共瑜伽课程教学大纲供参考，相关教师可结合自己学校实际情况酌情修改。

公共体育瑜伽课程教学大纲

一、课程基本信息

课程名称：瑜伽

课程类别：公共必修课　　　　　　课程性质：实践体验类

周学时：2　　　　　　　　　　　　每学时：45 分钟

学期总学时：32　　　　　　　　　开设对象：全校大一、大二学生

二、课程简介

本课程是一门面向全校学生开设的养心健身类初级课程。课程基于对大学生身心健康状况和身心促健需求的调查进行针对性设计，采用"线上+线下"混合式教学模式，遵循"精讲多练"的原则，主要教授调身的体位法、调息的呼吸法和调心的冥想法，旨在提升大学生身心健康水平。

通过本课程的学习，你将收获：（1）完整的瑜伽知识体系。课程从零开始，以运动生理学和解剖学知识为基础，通过线上线下理论和实践的学习，了解瑜伽的练习步骤、安全练习注意事项及系统的瑜伽

知识，从而提升练习的安全性和对大众媒体宣传中瑜伽知识真伪的辨别能力。（2）瑜伽基础体式、呼吸法及正念冥想方法与技巧。学会缓解肩颈、腰背酸痛及提升身体力量、柔韧、平衡素质的基础瑜伽体式，学会呼吸法以及正念冥想的方法和技巧，掌握一项可终身进行的修心健身技能。（3）身心全面发展。课程注重精讲多练，通过反复的体式练习不断突破身体的局限，获得身体素质的提升、不良体态的改善以及肩颈、腰背酸痛问题的缓解；通过反复的冥想、调息、休息术的练习获得平和的内心、压力焦虑的缓解。同时课程还能较好地提升专注力、自我的觉知力和情绪调控能力。

这门课程的特色是：（1）问题导向，针对性设计。课程内容安排打破传统按照瑜伽体式本身的系列（如站立体式、倒立体式、扭转体式等）展开的方式，而是基于对教学对象身心健康状况和课程需求的问卷调查，根据学生最常见的身心健康问题（如肩颈酸痛、腰背酸痛、浮躁等）和课程需求（如减脂塑形、改善不良体态、缓解身体不适等）进行针对性设计。课程能较好地帮助学生实现身心促健方面的主要需求。（2）基础性与系统性并重。针对教学对象基本是初学者的情况，课程各模块均选取了最基础的内容，同时，课程又注重教学内容的全面性和系统性，不仅教授体式、呼吸和冥想，还注重对瑜伽哲学思想、生理解剖学原理的讲解，让学生不仅知其然还知其所以然。（3）线上+线下相结合。本课程采用线上线下混合式教学模式，拓展学生学习时间和练习频率，解决了传统线下瑜伽课程时数有限、学生练习不够、效果有限的问题，提升了课程促进身心健康的效果。

三、课程目标

知识分享：通过理论与实践的教学，使学生能够了解正常的人体生理解剖结构与功能、瑜伽项目及文化、生活习惯与不良体态及健康问题的关系等，形成关于健康与美的正确认知，提升对大众传媒中瑜伽知识的真伪辨别能力。

技能传授：通过体式、呼吸和冥想的讲解与练习，使学生学会50+

种瑜伽基础体式、3 种主要呼吸法以及冥想的要领及技巧，掌握一项可终身进行的修心健身技能。

身心促健：通过体式的不断练习，促进学生柔韧、平衡、力量素质的提升，不良体态的改善以及常见肩颈、腰背酸痛问题的缓解；通过冥想、调息、休息术的反复练习，引导学生专注当下，放松身心，保持内心平和，缓解焦虑、压力，感受瑜伽练习带来的身心愉悦感。

思政育人：促进学生形成身心一统的整体健康观念、健康的生活方式和积极的生活态度；塑造学生不畏困难、坚韧、专注、自律节制的意志品质；培养学生谦卑、感恩、仁爱、平和非暴力的道德修养；教会学生情绪管理和自我觉知的技巧与方法，帮助其提升心理健康水平，实现心灵成长。

四、课程内容及进度安排

1. 课程内容

本课程采用理论和实践相结合的方式。理论内容主要涉及人体生理解剖知识、瑜伽相关理论、常见不良体态的特征、自我评估方法等，实践练习部分主要包括调心的冥想、调息的呼吸和调身的体式，其中呼吸法主要教授两种易于掌握的呼吸方式和调息方法，冥想法主要围绕思政目标的四大维度展开，体式主要基于学生主要问题（肩颈酸痛、腰背酸痛、身体疲乏）和主要需求（减脂塑形、改善身体不适、改善不良体态）编排了脊柱保养、肩颈理疗、综合热身、柔韧拉伸、力量提升、身心平衡六大序列课程。具体教学内容见表10-1。

表 10-1 瑜伽课程内容

理论	（1）瑜伽八支，瑜伽项目起源、发展，瑜伽主要哲学思想等。 （2）人体生理解剖结构、人体不同系统之间的相互关系。 （3）常见不良体态、特征，自我评估方法及与生活习惯的关系。 （4）正念冥想概念、作用、生理机制。 （5）腹式呼吸概念、作用、生理机制。

续表

技能	呼吸	呼吸方式： （1）腹式呼吸。 （2）完全式呼吸。	调息方法： （1）乌加依呼吸法。 （2）经络清洁呼吸法。
	冥想	六大冥想主题： （1）关注呼吸、觉知当下。 （3）正视自己、全然接纳。 （5）心怀感恩、谦卑虔诚。	（2）放松身心、平和内心。 （4）无惧困境、坚韧向上。 （6）慈悲为怀、友善仁爱。
	体式	（1）热身系列（拜日式12个动作）：祈祷式、展臂式、站立前屈式、骑马式、下犬式、八体投地式、眼镜蛇式、下犬式、骑马式、站立前屈式、展臂式、祈祷式。 （2）拉伸系列：鸽子式、半神猴式、加强背部伸展式、坐角式、四方式、三角式、仰卧手抓脚趾伸展式、龙式、双角式、蛙式、穿针引线式。 （3）肩颈理疗系列：绕肩转动、牛面式、"米"字拉伸、鹰式手臂拉伸、"W型"动态手臂动作、直臂绕肩、坐立肩背拉伸。 （4）脊柱保养系列：半鱼王式、门闩式、猫牛式、蝗虫式、婴儿式、仰卧抱膝式、仰卧脊柱扭转式、动态灵活脊柱组合。 （5）平衡系列：战士三式、舞王式、树式、站立手抓脚趾伸展式、鹰式、半月式。 （6）力量提升系列：船式、四柱支撑式、斜板式、战士一式、战士二式、反战士、侧角伸展式、蝗虫式、臀桥式、侧板式。	

2. 教学进度安排

课程持续16周，15周为教学时间，第16周考试，每周2次课，每次课45分钟。线上主要是与课程进度匹配的视频、讨论、理论专题、问卷、作业以及一些拓展资源等，让学生课前自学、课后跟练以及拓展学习；线下以练习为主，主要是学生的小组合作、练习、展示，教师带练、细节精讲和针对性纠错，检验学生课后练习情况以及针对问题及时解答。体式动作按照由易到难、由个别精讲到组合序列的顺序，从瑜伽的肩颈理疗系列、热身系列开始，逐渐增加拉伸类、脊柱保养类、平衡类、力量提升类系列。每次课均按照冥想调息—体式练习—休息术这样的固定程序展开。具体进度安排见表10-2。

表 10-2　教学内容及每周教学安排

教学周次	线下内容	线上内容	课外学习要求
1	（1）课程常规介绍。 （2）考核方式及要求。 （3）瑜伽介绍及练习注意事项。 （4）瑜伽的"正位"及不良体态的自我评估。	（1）学生身体基本状况数据收集（问卷）。 （2）理论专题：瑜伽的起源及发展。 （3）话题讨论：生活中还见过哪些不良体态？这样的体态会带来哪些健康问题？	完成线上学习内容
2	（1）腹式呼吸初体验。 （2）简单关节活动。 （3）新教肩颈理疗序列。 （4）休息术。	（1）理论专题：腹式呼吸的生理解剖学原理；肩颈部位主要肌肉；线下所教动作拉伸到的肌肉部位图。 （2）练习：腹式呼吸跟练（视频）；肩颈理疗跟练（视频）。 （3）效果调查：一节课练习完后，你感受到肩颈舒服一些了吗？	完成本周线上内容（视频跟练至少一次）
3	（1）冥想+呼吸练习。 （2）简单关节活动。 （3）复习肩颈理疗系列（部分）。 （4）新教热身系列。 （5）休息术。	（1）理论专题：正念冥想概念及要点。 （2）跟我练：冥想（跟练视频）；肩颈理疗跟练（视频）。 （3）话题讨论：你冥想时是什么感受？冥想时总是不能专注下来怎么办？	完成本周线上内容（视频跟练至少一次）
4	（1）冥想+呼吸练习。 （2）简单关节活动。 （3）复习肩颈理疗系列（部分）。 （4）复习热身系列。 （5）休息术。	（1）理论专题。 （2）练习：肩颈理疗动作串联组合跟练（视频）。 （3）作业：完成线上作业。	完成本周线上内容（视频跟练至少一次）

续表

教学周次	线下内容	线上内容	课外学习要求
5	（1）冥想+呼吸练习。 （2）简单关节活动。 （3）复习肩颈理疗系列（部分）+热身系列。 （4）新教拉伸系列（6个动作）。 （5）休息术。	（1）理论专题：什么是上交叉综合征。 （2）练习：改善上交叉综合征的针对性练习（视频）。	完成本周线上内容（视频跟练至少一次）
6	（1）冥想+呼吸练习。 （2）简单关节活动。 （3）肩颈理疗练习。 （4）复习拜日式+拉伸系列。 （5）新教拉伸系列（4个动作）。 （6）休息术。	（1）练习：冥想、拉伸练习（视频）。 （2）作业：上传背部伸展式照片（第一次）。	完成本周线上内容（视频跟练至少一次）
7	（1）冥想+呼吸练习。 （2）简单关节活动。 （3）肩颈理疗练习。 （4）复习拜日式+拉伸系列。 （5）新教拉伸系列（3个动作）。 （6）休息术。	（1）理论专题：如何理解瑜伽追求的身心灵和谐统一。 （2）练习：拉伸体式串联组合练习（视频）。	完成本周线上内容（视频跟练至少一次）
8	（1）冥想+呼吸练习。 （2）简单关节活动。 （3）肩颈理疗练习。 （4）复习拜日式+拉伸系列。 （5）新教脊柱保养系列（5个动作）。 （6）休息术。	（1）理论专题：瑜伽的主要流派和分类。 （2）练习：脊柱保养练习（视频）。	完成本周线上内容（视频跟练至少一次）

续表

教学周次	线下内容	线上内容	课外学习要求
9	（1）冥想+呼吸练习。 （2）简单关节活动。 （3）肩颈理疗练习。 （4）复习之前所学。 （5）新教脊柱保养系列（4个动作）。 （6）休息术。	（1）理论专题：下交叉综合征概念、自我评估方法。 （2）练习：骨盆前倾改善练习（视频）。 （3）作业：你有下交叉综合征的表现吗？具体问题是什么？	完成本周线上内容（视频跟练至少一次）
10	（1）冥想+呼吸练习。 （2）简单关节活动。 （3）肩颈理疗练习。 （4）复习之前所学。 （5）新教平衡系列（4个动作）。 （6）休息术。	骨盆后倾针对性练习（视频）	完成本周线上内容（视频跟练至少一次）
11	（1）冥想+呼吸练习。 （2）简单关节活动。 （3）肩颈理疗练习。 （4）复习之前所学。 （5）新教力量提升系列（4个动作）。 （6）休息术。	（1）理论专题：脊柱侧弯的自我评估方法、原因分析、锻炼思路。 （2）练习：力量提升动作练习（视频）。	完成本周线上内容（视频跟练至少一次）
12	（1）冥想+呼吸练习。 （2）简单关节活动。 （3）肩颈理疗练习。 （4）复习之前所学。 （5）新教力量提升系列（4个动作）。 （6）休息术。	力量提升动作练习（视频）	完成本周线上内容（视频跟练至少一次）
13	（1）冥想+呼吸练习。 （2）简单关节活动。 （3）复习之前所有体式的串联组合。 （4）休息术。	（1）练习：体式串联组合练习（视频）。 （2）话题分享：通过课程学习，你最大的收获是什么？	完成本周线上内容（视频跟练至少一次）

续表

教学周次	线下内容	线上内容	课外学习要求
14	（1）冥想+呼吸练习。 （2）简单关节活动。 （3）复习之前所有体式的串联组合。 （4）休息术。	（1）练习：体式串联组合练习。 （2）作业：上传背部伸展式照片（第二次）。	跟13周视频至少练习一次
15	（1）冥想+呼吸练习。 （2）简单关节活动。 （3）复习之前所有体式的串联组合。 （4）休息术。	课程教学效果问卷调查	跟13周视频至少练习一次
16	考试		把课上所学运用到日常生活中

五、修读要求及注意事项

1. 身体健康状况要求

无心脏疾病、严重骨关节疾病、血液方面疾病。

2. 考勤要求

（1）不得无故缺勤，事假病假须凭假单，缺课超过一学期总课时的1/3将取消本学期的考试资格。

（2）不得迟到早退，迟到早退2次按缺勤1次处理。

3. 课外学习的要求

（1）每周须完成线上同步课程内容。

（2）每周至少跟线上视频练习一次。

4. 注意事项

（1）上课需要穿舒适的运动装。

（2）经期前三天和其他身体不舒服的情况，课前须和老师说明，经老师允许后在旁边休息但不可离开课堂。

（3）上课前一小时之内尽量不要吃东西。

（4）练习时遵循量力而行、适可而止的原则，有任何不适请立刻停下来休息并告知老师。

（5）练习中关注自己的身心感受，不要去和别人盲目比较。

六、教学方法

（1）通过线上内容，让学生课外自主练习，线上线下相结合，拓展教学的时间和空间。

（2）通过完整示范和分解教学，让学生完整理解教学内容并学会基本方法技能。

（3）通过场景、音乐和语音引导的方法沉浸式教学，让学生体会练习带来的身心愉悦感。

（4）通过领做再配合口令教学，让学生在反复多次模仿练习中强化对课程内容的掌握，并达到锻炼全身的目的。

（5）通过小组合作、分组展示、双人辅助、游戏穿插，增加教学的趣味性，发展学生自我练习的积极性和主动性。

（6）通过话题讨论、分享、拓展，提升课程的理论深度。

七、学习评价方案

1. 成绩评定方案

本课程采取平时考核和期末专项技术考核相结合的评价方式。平时考核主要由出勤、线上学习、课堂表现三部分组成；期末考核由指定套路（拜日式）展示和随机体式展示组成。考核评价方案见表10-3，拜日式展示评分标准见表10-4，随机体式展示评分标准见表10-5。

表 10-3　瑜伽课评价方案

组成	内容	分值	要求及评分标准
平时表现（60分）	出勤	20	全勤满分，无故缺勤一次扣5分，迟到早退2次算缺勤1次，事假病假每次扣2分。缺勤全部课程的1/3（包括事假、病假在内）取消考试资格。

续表

组成	内容	分值	要求及评分标准
	线上学习	30	根据任务点完成情况和话题讨论环节的参与度进行评分。
	课堂表现	10	根据课堂个人及小组练习、小组展示、双人辅助练习表现酌情给分。
期末专项技能考核（40分）	拜日式展示	20	小组展示，3分钟之内完成拜日式的12个动作。具体评分细则见表10-4。
	随机体式展示	20	小组展示，教师从课上所教体式中随机选取4个体式让学生展示。具体评分细则见表10-5。

表 10-4 拜日式展示环节评分细则

考核内容	分值	考核标准
拜日式展示（20分）	18-20	规定时间内按要求完成12个体式展示，整套动作完成非常熟练，12个体式都较标准，每个体式之间衔接自然流畅，呼吸与动作配合协调。
	15-17	规定时间内按要求完成12个体式展示，整套动作完成得较顺畅，呼吸与动作配合较协调，但有个别体式不标准。
	12-14	规定时间内按要求完成12个体式展示，但整套动作完成得不熟练，体式衔接中有多余动作，转换不流畅，个别动作要点未掌握。
	12分以下	未在规定时间内完成12个体式的展示，忘记体式或者顺序混乱，做出的体式有很多技术要点未掌握。

表 10-5 随机体式展示环节评分细则

考核内容	分值	考核标准
随机体式展示（20分）	18-20	展示出老师要求的4个体式，且4个体式都比较标准
	15-17	展示出老师要求的4个体式，但个别体式不标准
	12-14	仅展示出3个体式，但个别体式关键要点未掌握
	12分以下	仅展示出2个或以下体式，但做出的体式全部或部分关键要点未掌握

2. 课程思政教学效果评价

对思政目标的考核，主要通过问卷调查、课堂观察以及同学生的深入交谈三种方式进行，并不纳入期末成绩统计当中，其主要目的是了解课程思政实施的效果，这也是教学实施效果的依据，有利于教学反思和改进教学，还有助于学生反思和督促学生进步。具体评价方式方法见表 10-6。

表 10-6　瑜伽课程思政教学效果评价方案

思政目标	评价方式	评价方法
促进学生形成身心一统的整体健康观念和积极健康的生活方式	过程性评价 发展性评价 质性评价	持续性问卷调查跟踪（课程结束时、结束半年后、结束一年后） 课堂观察 个案访谈 心得体会
塑造学生勇敢、坚韧、专注、自律节制的意志品质	过程性评价 发展性评价 质性评价	问卷调查 个案访谈 体式前后对比 学习表现档案记录
培养学生谦卑、感恩、心怀善意、平和非暴力的道德修养	过程性评价 发展性评价 质性评价	问卷调查 课堂观察 个案访谈 学习表现档案记录
教会学生情绪管理和自我觉知的技巧与方法，帮助其提升心理健康水平，实现心灵成长	过程性评价 发展性评价 质性评价	问卷调查 课堂观察 个案访谈 心理测试量表

第二节　瑜伽课程思政教学方案案例

这里分享一节 90 分钟的瑜伽课程思政教学方案，其中课程思政元素融入不同教学环节当中，具体见表 10-7、表 10-8。

表 10-7　瑜伽课程思政教学方案

课程基本信息	课程名称：瑜伽　　　　　　　课程性质：公共必修课 课程主题：肩颈理疗　　　　　所属课程周次：第 2 周 授课对象：大一、大二学生　　上课时间：90 分钟
学情分析	（1）通过线上的问卷调查了解到，肩颈酸痛、腰背酸痛是较普遍的健康困扰；压力、焦虑、浮躁是常见的心理困扰；圆肩驼背、头前倾是最常见的体态问题。缓解这些身心不适和改善不良体态是他们对课程的主要需求之一。 （2）课前让学生在线上进行了自我学习。对于肩颈的解剖结构、本节课将学习将锻炼到的肌肉部位以及肩颈主要不良体态都应有了大致的了解和初步体验。
教学目标	针对以上学情，设计了缓解心理困扰的呼吸和冥想，缓解肩颈酸痛、改善头前倾、圆肩问题的肩颈拉伸动作。 1. 技能目标 （1）初步体会腹式呼吸的感觉。（2）初步学会缓解肩颈酸痛的部分拉伸动作。 2. 身心促健目标 （1）通过冥想和呼吸练习，初步体会专注当下、内心平和的感受。（2）通过体式练习，感受到肩颈拉伸后的放松感。 3. 思政目标 （1）通过课前线上自学和课后线上跟练，培养学生自主学习和规律练习的习惯，促进形成积极健康的生活方式。（2）通过体式、呼吸的练习，逐步提升自我觉知的意识水平和专注的意志品质。（3）通过仪式，传递谦卑、感恩的道德修养。 4. 知识目标 （1）了解什么是"正念"。（2）认识肩颈的解剖结构，理解肩颈酸痛、不良体态与不好的生活习惯之间的关系，并建立起改变不良生活习惯的意识。（3）了解腹式呼吸的原理。

续表

教学内容及线上线下安排	教学周次	线下内容	线上内容	课外学习要求
	2	（1）腹式呼吸初体验。 （2）简单关节活动。 （3）新教肩颈理疗序列。 （4）休息术。	（1）理论专题：腹式呼吸的生理解剖学原理；肩颈部位主要肌肉。 （2）练习：腹式呼吸跟练（视频）；肩颈理疗跟练（视频）。 （3）效果调查：一节课练习完后，你感受到肩颈舒服一些了吗？	本周线上视频跟练至少一次

教学重点及难点	1. 重点 （1）技能：肩颈理疗的 10 个动作要点。 （2）知识点：正念的核心思想、腹式呼吸的原理、肩颈部位的主要肌肉及常见健康问题。 2. 难点 （1）肩颈周围肌肉群较小，在不能逐一上手辅助的情况下，如何能让每个人在不同体式当中都做到精准拉伸是难点之一。 （2）对于呼吸浅或者平时是胸式呼吸的同学，如何在呼吸环节正确的体会到腹式呼吸的感觉是难点之二。 （3）如何引导学生在呼吸环节能专注下来是难点之三。

教学策略与方法	1. 教学策略 （1）问题导向、启发引导：以学生的肩颈不良体态和问题引入，启发引导学生建立改善不良生活习惯的意识。 （2）精讲多练：技能传授主要采取精讲多练的原则。 （3）创设环境、沉浸式教学：在呼吸和体式练习中引导学生专注当下。 2. 教学方法 （1）采取领做配合口令教学的方法，让学生们模仿练习。 （2）采取完整示范和分解教学相结合的教学方法，让学生们明白、理解并体验动作的要点及功效。 （3）采用演示、案例展示，让学生直观了解肩颈区域不良体态。

材料及设备准备	蓝牙小音箱、瑜伽音乐、瑜伽垫、扩音器。

续表

课后学习要求	（1）完成本周线上课程任务。 （2）提前预习线上第 3 周的内容。

表 10-8　教学过程设计

教学过程设计					
课序	时间	教学内容	组织教法	设计意图	课程思政融入
准备部分	10分钟	（1）铺好瑜伽垫。 （2）点名。 （3）强调上课纪律。 （4）根据线上问卷调查结果，将有肩颈问题的同学安排在前面。 （5）检验线上学习情况（问卷调查，结果纳入平时考核计分）。		（1）课堂常规认识学生。 （2）通过位置分配，教师能更加明晰不同学生肩颈的情况，从而有利于教学时做好精准辅助。 （3）追踪线上学习情况，根据反馈调整线上内容和加强对线上内容学习情况的督促。	通过线上线下混合式教学精心设计和每周对线上内容学习的检验，培养学生自主学习和规律练习的习惯，促进形成积极健康的生活方式。

续表

教学过程设计					
课序	时间	教学内容	组织教法	设计意图	课程思政融入
基本部分	15分钟	（1）腹式呼吸+冥想练习。	1. 组织队形 ＊＊＊＊＊＊＊＊ ＊＊＊＊＊＊＊ ★ ＊＊＊＊＊＊＊＊ ＊＊＊＊＊＊＊ 2. 教学步骤及方法 （1）腹式呼吸教学：教师先让学生观察自己正常的呼吸模式，然后引出腹式呼吸的内容。再配合线上课程中关于腹式呼吸的图片、视频内容，讲解腹式呼吸的原理、作用及直观感受，最后让学生躺下，在老师的指引下体会腹式呼吸的感觉。	（1）呼吸是瑜伽练习中非常重要的环节，瑜伽体式的练习注重与呼吸的配合，冥想练习也需要呼吸配合，在课程开始时教授腹式呼吸，可为后续的深入练习做准备。	（1）腹式呼吸能刺激副交感神经，带来情绪稳定、内心平和的感受。通过呼吸+冥想+体式的刻意练习，引导学生在每一个环节当中"专注当下、觉知自我"。
	10分钟	（2）简单关节活动。	（2）肩颈动作教学：老师先讲解为什么要进行肩颈理疗序列动作的学习，然后告知本	（2）由于问卷调查出肩颈和腰背酸痛问题是困扰大学生的常见问题，因此在课程中专门设计了缓	（2）课堂上通过讲解不良生活习惯与肩颈酸痛及肩颈不良体态之间的关系，让同学们建立起正确生活习惯的意识，然后每次课不断强

续表

教学过程设计					
课序	时间	教学内容	组织教法	设计意图	课程思政融入
基本部分	45分钟	（3）肩颈理疗动作教学。	节课动作的主要功效及练习中的注意事项，最后教师带领学生一起练习。 3.练习环节 教师先示范讲解要点，然后边示范边喊口令带领学生一起练习，练习中个别较难的动作，教师要用辅具帮助学生完成。	解肩颈腰背酸痛的系列动作。希望通过课程练习，让学生锻炼起来，做到学以致用。	化，让其在生活中从意识转化成习惯与行为，真正实现课程"促进形成积极健康生活方式"的教学目标。
结束部分	10分钟	（1）瑜伽休息术。 （2）结束仪式。 （3）布置课后练习。 （4）下课，收拾整理辅具，师生再见。	1.组织队形 同上 2.教法与学法 （1）休息术环节：教师用轻柔的音乐和语音提示帮助学生放松身心。学生集中注意力，根据老师的语音提示有意识地觉察自己的相关部位，并随之放松。 （2）结束仪式：教师讲解结束仪式的做法、目的，带领学生完成。	休息术是瑜伽中不可缺少的环节，往往安排在课程快要结束时，目的是缓解体式练习带来的疲劳感，放松身心，恢复能量。	（1）休息术时，教师用扫描全身+呼吸冥想的方法，引导学生专注当下，提升自我觉知的意识水平。 （2）课程结束时教师带领学生进行双手合十及默念感恩词的仪式，传递谦卑、感恩的道德修养。

续表

课序	时间	教学过程设计			
		教学内容	组织教法	设计意图	课程思政融入
教学评价与反思		通过问卷调查，了解到：（1）大部分同学练习完后有轻松感，有个别同学练习中无法专注在动作当中，不能很好地完成动作。后续课要增加辅助的方法和辅具的使用，加强整个教室里安静专注场域的创设。（2）大部分同学能掌握腹式呼吸的要领，但练习中无法始终关注在呼吸上，需要老师不断提醒。后续在引导词方面还须更加精准有效。（3）线上内容完成度在80%以上，还须通过考评加强对线上内容学习的督促。				

第三节　20个瑜伽课程思政教学主题模板

本书为瑜伽教师提供20个思政教学主题模板，便于在课程中融入思政元素。教师可根据课程目标灵活选择主题，直接使用模板内容或结合自身风格调整优化。教学形式可多样化，如通过唱诵、冥想、仪式创设或情境模拟等方式，在体式练习中同步开展思政教育。学时安排可根据实际需求自由设定。建议优先选择易引发共鸣的主题，采用受众喜爱的形式进行教学。具体主题及对应的思政元素详见附表10-9。

表10-9　20个教学主题对应思政元素情况表

思政元素	思政目标	教学主题
生命健康观念及行为	促进学生形成身心一统的整体健康观念、健康的生活方式和积极的生活态度。	身心灵和谐统一 压力与放松 生命能量
意志品质	塑造学生不畏困难、坚韧、专注、自律节制的意志品质。	勇于挑战 专注一处 挫折是成长必经之路 保持专注 自我控制

续表

思政元素	思政目标	教学主题
道德修养	培养学生谦卑、感恩、仁爱、平和非暴力的道德修养。	慈爱心 非暴力 保持敬畏心 心怀感恩
心理健康水平	教会学生情绪管理和自我觉知的技巧与方法，帮助其提升心理健康水平，实现心灵成长。	正念 感受当下 觉查自我 觉查呼吸 接纳自己 向内探寻 珍视自己的独特性 谅解与祝福

主题一　身心灵和谐统一

1. 关于主题的简短介绍

瑜伽不仅仅是一种锻炼，更是一种生活哲学，旨在帮助人们实现身体、心灵和精神的完整统一，以获得人整体的健康和福祉。在身体层面，瑜伽强调身体强健和呼吸控制，通过各种体式（瑜伽体位法或者体式）的练习增强身体的柔韧性、力量和平衡，并强调深层次的呼吸，通过有意识地控制呼吸来调整生理机能，促进氧气供应，增强身体的能量；在心灵层面，瑜伽重视冥想、呼吸、专注和情感平衡，促进认知和情绪调节，培养内在的平静与喜悦；在灵性层面，瑜伽强调与宇宙万物的联结和个体的觉知，通过深入地了解自己，追求更高层次的自我实现。

2. 与主题相关的瑜伽体式

任何体式都适合这个主题，重在引导学生明白健康是身心灵三个维度的完好状态。

3. 教学过程中的引导词

开场	运动中
瑜伽的目标是通过身体的柔软、心灵的平静以及对精神层面的开发，实现个体的整体平衡。这种身心灵的和谐统一不仅有助于改善身体健康，还能够提升生活品质，培养积极的生活态度，并促使个体在人生中更有意义地发展。我们的课程都将以呼吸、冥想、体式这样的程序展开。请试着在每一个环节专注当下，呼吸冥想时体会自己呼吸的深浅与长短，以及呼吸带动胸腔小腹的起伏，并跟随老师的引导进入相应的场景。体式练习时，感知肌肉的感觉，以及动作和呼吸的配合，感受呼吸是如何加深动作幅度的。在每一个环节觉知自己的所思所想，觉知情绪变化，总之请带有觉知地进入练习当中，让身心皆在当下就好。	当我们举起双臂时吸气，放下手臂时呼气，是不是感觉是很自然的？现在我们试着做呼气时举起手臂，吸气时放下手臂，什么感觉？是否觉得有些不顺畅？试着再观察没有呼吸配合双臂上举时脊柱和侧腰的感觉，现在配合上吸气再感受一下你的脊柱和侧腰延展，是否感受到有呼吸配合手臂上举的幅度更大、脊柱侧腰拉得更深呢？ 我们再来试试三者如何配合能让练习更舒适吧！现在进入前屈式，尽量让你的手去抓脚，抓不住没有关系，放在小腿上甚至大腿上都是可以的，感受一下你哪里拉伸最紧张。现在不妨闭上眼睛，深吸气，呼气放松这里，不断告诉自己呼气放松放松再放松，现在这里是否感觉没有那么紧张了？试着再呼气放松小腹，让小腹随着呼气一点点靠近大腿，感受一下你的手是否离脚的距离又近了一些。
停顿中	结束
现在在前屈的体式中停留10个呼吸，每一次呼气都提醒自己放松加深一些，试着再坚持一会儿，此刻是否有难受烦躁的情绪出来，身体是否因为情绪紧张变得更加僵硬了呢？不要带有情绪出来，试着深呼吸放松放松再放松，再观察你的肌肉是否没有那么紧张了，拉伸带来的不适感也好像好了一些吧。我们的身体是一个整体，呼吸、情绪和身体会相互影响。	今天的课程，大家都非常专注，在每一个环节大家都被这种专注的能量场域相互影响。有同学本来想要放弃的，可是被其他同学坚持的能量感染，坚持到最后。在冥想调息环节，有同学腰背不舒服想动来动去的，可是由于周围同学都很安静地专注在呼吸上，也被影响，安静地坚持下来。在今天的课程中，大家应该都体会到了呼吸系统、神经系统、运动系统之间在体式中是如何配合的，能量之间是如何相互影响的吧。请大家在生活中注意从呼吸、情绪、身体几个方面关注整体的健康状态，并试着去与周围的人和环境建立联结，多靠近积极正能量的人和场域。

主题二　压力与放松

1. 关于主题的简短介绍

在现代快节奏的生活中，压力与放松成为了人们日常经历的两个突出主题。压力源自工作、学业、家庭等多方面，给人们带来紧张、焦虑和疲劳。长期的压力会对身体和心理健康产生负面影响，而放松则是一种重要的应对方式。通过采取冥想、休息、娱乐活动等方式，人们能够恢复精力、降低紧张感、促进身心平衡。在寻求平衡的过程中，理解和管理压力，以及学会有效的放松方法，对维护健康、提高生活质量至关重要。这一主题涵盖了个体在追求目标的同时如何保持心理平衡，为现代社会中普遍存在的挑战提供了重要的思考与行动方向。

2. 与主题相关的瑜伽体式

安排一些有挑战性的和修复类体式，如树式、斜板式、战士一式和婴儿式、仰卧扭转放松式、挺尸式等

3. 教学过程中的引导词

开场	运动中
没有压力，我们将无法进步；压力过多我们将无法承受。本次课程我们要尝试一些有挑战性的动作，请觉察自己面对这样的体式时内心的反应，了解这样的反应如何影响我们的呼吸和肌肉反应，同时，我们也会在一些修复体式中探索各种放松的方法和技巧。	在这个体式当中，哪里最紧张？你的腿开始抖了吗？不妨把脚趾头用力踩地，启动我们大腿前侧的股四头肌，让肌肉分担一点膝盖的压力，你的膝盖就不会那么累了。将核心收紧，臀肌收紧，下肢的压力又会进一步减小，在体式当中尽量多地启动肌肉，这样就能减少关节的压力。肌肉群启动的越多，单个部位的肌肉压力就会变小，某一块肌肉也就不容易疲劳。尽管在体式当中感受到各种压力，但是只要正确发力，这种压力就会变小。
停顿中	结束
记住我们需要用休息缓解压力。注意自己在哪些地方仍然在坚持或努力，用呼吸将紧张的部位再放松一些，肌肉	我们在仰卧放松中进行休息术的练习，休息术的练习对我们能量的恢复至关重要，可以释放身体的疲惫，储存

合理的放松才能更好地启动,让我们在这个体式中尽量多地放松各个部位。此刻越放松,等会体式练习越有能量。	练习中提升的能量。这样的休息是有意义的。生活中的压力也需要通过相应的休息去平衡,否则我们的身体就会出现问题。最重要的是在两者之间找到合适的平衡点。

主题三 生命能量

1. 关于主题的简短介绍

在瑜伽中,生命能量,或者说生命之气,以不同的方式在人体内运行并且有不同的功能。5种生命之气就是生命能量的5种运作方式,这5种生命之气包括:元气,由外向内、由下向上流动,与进食、饮水和呼吸有关;下气,向下流动,与排泄、行经和生育有关;中气,向身体中心流动,与消化有关;行气,与空气和能量在人体内的流动有关;上气,由下向上、由内向外流动,与吟唱、诵读、呼气和言语有关。

2. 与主题相关的瑜伽体式

呼吸、冥想、唱诵以及任何体式都可以用于这个主题,给学生讲解这5种生命能量,并重在引导他们感受能量在身体中的流动,这有助于他们体会瑜伽练习的微妙之处。

3. 教学过程中的引导词

开场	运动中
虽然能量我们似乎看不见摸不着,但是却无时无刻不在自身以及周围环境中流动着。今天开始我们试着在课程当中体会这种微妙的感觉,用心体会能量的流动。	(比如呼吸练习)呼吸是连接生命与意识的桥梁,它会将你的身体与思想联系在一起。关注自己的呼吸,现在我们感受到的是元气。吸气,使肺部充满空气,行气会带着这股新鲜的空气遍及全身,直到最小的手指、脚趾。保持对呼吸的关注,感受呼吸时这种能量在身体里的流动,每次吸气,感受脊柱向上的延展,伴随着能量向上,呼气时,放松身体的紧张,感受放松的能量。

	（比如战士二式）当我们进入这个体式后，双手侧平举，伸展双臂，感受体内的能量由胸腔向外流动到指尖（行气）。 （比如斜板式）呼气收紧核心，运行中气，感受核心的稳定。 （比如花环式）向下蹲坐，呼气肩胛骨下沉，坐骨向下寻找地面，运行下气，感受能量向下。
停顿中	结束
当我们在两个体式之间休息时，注意自己的呼吸，同时注意感受生命能量的流动，吸气，呼气，生命就在每一次呼吸之中得以延续。	现在请仰卧放松。从头到脚放松每一个部位，当全身都放松以后，静静地感受此刻身体的感觉。在静止中休息的时候，注意感受在我们的身体中、在房间里以及在周围人的身体中流动的能量。当生活中，我们感觉疲劳时，也可以这样从头到脚放松一遍，配合缓慢的呼吸，找到放松的能量。 另外，能量之间也会相互影响，就像今天的冥想环节，大家都非常安静，整个场域都是安静的能量，大家也就非常专注。如果其中有几个人不停制造噪音，你也就会无法安静下来，甚至也会心烦气躁，所以你与他人和周围的环境之间的能量也是相互影响的。 在生活中，请尽量做一个积极正能量的人，给你周围的人给予支持。

主题四　勇于挑战

1. 关于主题的简短介绍

在人生的舞台上，勇于挑战可以塑造坚强的品格。每一次挑战都是一次机会，也是我们展翅飞翔的邀请函。勇于挑战并非是毫无畏惧，而是在畏惧面前仍然选择前行。当我们勇敢地面对未知、迎接困境时，我们才能真正发现自己的潜力和无限可能。勇于挑战，是对自己的一种尊重，是敢于突破自身极限的勇士精神。

2. 与主题相关的瑜伽体式

需要专注和坚定的体式，鹰式、战士三式、高位起跑式的变体都很合适。

3. 教学过程中的引导词

开场	运动中
今天的个别体式会有一点难，练习时请尽量跟随老师的引导专注练习，不要有畏难情绪，要敢于挑战，一步步反复尝试，就会循序渐进地解锁不同体式。	一次没有成功没有关系，多练习几遍就会越来越好。找准身体内每个部位的发力点，收紧提到的这些部位，你会感受到自己的稳定与坚毅。找准凝视点，多尝试几次，从过渡体式进行转换，一步步来，总能找到感觉的。
停顿中	结束
集中注意力，倾听我们的心灵、头脑和身体的声音。找到我们的力量，再坚持一小会儿。	课程结束后要将我们课堂上勇于挑战的勇气带入生活中。当面对生活中的困扰时，我们可以选择坚守内在的平静，不被外界的波澜所动摇。通过掌握自我，保持内在的坚韧，迎难而上，用自己的积极态度引领生活的节奏。

主题五 挫折是成长必经之路

1. 关于主题的简短介绍

挫折是人生中不可避免的一部分，然而，正是在这些看似无法逾越的困境中，我们找到了成长的契机。生活中，每一次挫折都像一堂生动的课程，教会了我们坚韧、适应和智慧。它锻炼了我们的意志力，让我们学会从失败中吸取经验教训；使我们重新审视自己的目标，调整行动方向，让我们变得更加成熟和明智；挫折更是通向成长和成功的必经之路。

2. 与主题相关的瑜伽体式

一些稍有挑战性的体式，如平衡类体式，或者倒立类体式。这些体式需要反复练习，才能精进。

3. 教学过程中的引导词

开场	运动中
一天刚开始的时候，我们通常会感到愉悦或感恩。有时，这种感觉可以持续一整天，但有时，面对接踵而至的挑战，我们想要保持积极的态度几乎是不可能的。很多挑战让我们感觉很有挫败感，有时候甚至想要选择逃避。在今天的练习中，注意观察当遇到有挑战的一些体式时，你是如何应对的，是不想尝试，还是愿意多次尝试。多次尝试，如果仍然没有做到，看看自己会是怎样的状态。	（如虎式）现在尝试将右脚和左腿一起抬起来，看看你是否能保持稳定，你的腿能抬到与地面平行吗，你的大臂能抬到与耳朵同高吗？很多同学都在颤抖，没办法同时在保持稳定的状态下抬起手和脚，没有关系，不要气馁，根据老师的提示逐一调整，将核心再收紧一些，找准眼睛凝视点，先将手脚稍微抬离地面，能保持稳定再加深。一次不行，就多尝试几次。 这些做不到的地方正是身体的局限所在，瑜伽的练习就是要突破身体的极限，这个突破的过程并不容易，但只需要反复专注于练习上就好。不要带有情绪出来，往往我们做不到并不是身体做不好，而是被情绪打败的，专注于反复尝试，只需要一遍遍告诉自己"再来一次"吧。
停顿中	结束
看见其他同学都做到了，你却做不到，是否感觉很挫败？在刚才的练习中，你是否很想放弃，是否在质疑自己为什么要选择瑜伽这门课程？有这样的想法很正常，但我们不能被这种想法打败，你可以调整想法，比如练习到今天，你是否比第一次练习的状态要好？虽然你还是做不到很好，但已经比上一次好，这不就是进步？等到下次能做到了，你会感谢今天的坚持。	回想一下今天刚练这些动作的时候，和现在课程要结束时的样子，短短的一节课，你有进步了吗？哪怕你只是内心经历了挣扎，从想要放弃到告诉自己再坚持一次，并未有实际的进步，那也是一种进步。生活中，也要把在练习中体会到的韧性带到生活中，要记住你在课堂上是如何克服困难、坚持目标继续前进的，生活中亦是如此。

主题六　保持专注

1. 关于主题的简短介绍

当今繁忙的生活中，专注不仅令我们能够更高效地完成任务，还能够让我们深度体验生命中的每个瞬间。保持专注，意味着在信息爆炸的时代中找到内心的平静。无论是工作、学习，还是生活，专注都是追求卓越的关键。当我们将注意力集中在眼前的任务上时，不仅能提高工作效率，更能创造出更高质量的成果。专注是一种修炼，可以通过冥想、时间管理和自我调节等方式来培养。瑜伽就是一场与外界干扰抗衡的内在修行，一种将心灵集中于当下的自我控制练习。我们的课程中不断提醒将感受放在自己此刻练习的肌肉、关节上都是不断在强化这一点。

2. 与主题相关的瑜伽体式

平衡体式、呼吸练习、冥想练习，甚至任何体式只要放慢节奏都可以。

3. 教学过程中的引导词

开场	运动中
接下来练习中，请大家抛开生活的琐事，只是关注练习本身，调息时关注呼吸，冥想时跟随老师引领、思想不跑路，体式练习中只是关注肌肉、关节，肌肉与呼吸配合的微妙感受。记住，你的练习与任何人无关，只需要将身心都放在此时此刻做的事情上就好。	（如山式）现在请在山式中闭上双眼，感受一下你的身体是否会左右摇晃，如果有，再将腿内侧收紧一些，核心再收紧，肩胛骨再向内收向下沉一些，大臂内侧向内夹一些，看看晃动是否有改善？ （如树式）现在将眼睛盯住一个不动的点，保持山式收紧的感觉，抬起右脚，将右脚踩在左大腿内侧，看自己是否能够保持稳定，如果不可以，你可以退回到前一步，只需将脚抬离地面，保持稳定就好。观察自己的呼吸，尽量放慢呼吸，让呼吸均匀稳定。如果你晃动很厉害，观察一下是否身体没收紧，还是脑子里想别的了，平衡的体式当中你需要足够的专注，如果思想不集中

	在自己的练习当中,你是很难做到的。不要去看周围的同学,不要去比较,你只需要足够专注,反复练习就好。
停顿中	结束
在这里停留 10 个呼吸,将关注点集中在你最有感觉的部位上,如果拉伸感特别强烈,不妨把呼气放松的感觉带到这里。感受这种感觉就好,不要带有情绪出来	离开课堂回到现实生活中后,我们在做事情时也请尽量保持专注。尤其是当你面对琐事特别多、任务特别多无从下手的时候,不妨告诉自己保持对当下的专注,马上行动,先解决掉手头上的事情。不断训练自己保持专注,可以很好地提升专注力,提升效率。

主题七 感受当下

1. 关于主题的简短介绍

当下,宛如一处珍贵的心灵栖息地,它倡导我们把注意力全然聚焦于眼前这一瞬,全身心地沉浸到正在发生的事物里。在当下,我们能远离那些纷繁杂乱的杂念干扰,以一种深度体验生活的姿态,去细腻地感知、尽情地体验、用心地品味每一个独一无二的瞬间。身处如今快节奏的社会浪潮之中,感受当下已然成为我们对抗分心与焦虑的有力法宝。当我们专注于手头当下的任务、正在参与的活动或者所经历的体验时,工作和学习的效率会得到显著提升,相应的成果也会更加丰硕。而且,感受当下更是心理健康的一种直观体现,它能助力我们把过去的烦恼以及对未来的种种担忧统统放下,让我们可以全身心地去拥抱并享受此刻的生活。

2. 与主题相关的瑜伽体式

要求注意力非常集中的体式。我们可以考虑站立平衡类体式,比如站立手抓脚趾伸展式或者树式,也可以是一些跪立平衡类体式,比如虎式。

3. 教学过程中的引导词

开场	运动中
现在开始，我们要将所有的关注点放在自己正在做的事情上。课程开始时，我们要练习呼吸和冥想，请大家跟随口令关注在呼吸上，去感受你呼吸时胸腔小腹的起伏变化，关注身体每一个部位的紧张程度。觉察此时此刻你的情绪、你的脑子里呈现的事务。尽量地保持对当下的专注，如果走神了，也没关系，只需把注意力又拉回当下，带回到自己此刻应该关注的事物上。无需评判，也不要带有情绪出来。	在这个平衡体式中，觉察一下你的身体和呼吸，是身体无法平稳、呼吸紊乱，还是心平气和？现在将你的注意力放在自己的脚上，让你的脚趾用力抓地，大腿收紧上提，收紧核心，眼睛盯住一个不动的点，将你的脚抬起来，看看你是否可以保持平衡，如果可以，那恭喜你，做得很好。如果不能，观察自己是哪个部位没有收紧，思绪有没有从体式中游离，不要把注意力转移到与练习无关的事情上，要把注意力集中到自己的目标上。
停顿中	结束
在这里保持10个呼吸，只是静静地关注这个体式当中你身体的感受，试着把呼吸带入到你最紧张的部位上，呼气时放松它们。	在今天的练习中，我们是否一直保持专注在自己的身体和感受上？如果你总是无法很专注，没有关系，多次反复的练习后，你能专注在自己身上的时间会越来越长。感受当下提醒我们不要把精力过多地放在过去了的或者还未发生的事情上，专注在当下所做的事情上，把握好每一个当下，很多看上去很复杂的事情也会迎刃而解。生活中也不要过多地内耗自己，当你想的多而做的少的时候，不如马上行动起来，处理好当下的事情。

主题八　正念

1. 关于主题的简短介绍

正念，又称为"mindfulness"，是一种专注于当下的思维和感知状态的心理状态。它源自佛教禅修，但在现代心理学和心理治疗中得到了广泛的应用。正念强调将注意力集中在当前的经验上，接受并不加判断地体验当下的感觉、情绪和思维。正念不仅仅是一种冥想练习，更是一种生活态度。通过正念，人们可以培养观察自己内在和外在世界的能力，从而更好地理解自己和他人。正念有助于减轻压力、焦虑和抑郁，提高注意力和专注力，并促进身心的健康平衡。正念教导我们在面对生活的喜怒哀乐时保持冷静，接受事实并以一种更平和的方式应对挑战。它鼓励人们放下过去的遗憾和未来的焦虑，全身心地投入当前的瞬间中。通过培养正念，我们可以更深刻地体验生命，提高对自己和他人的关爱与尊重，创造更富有意义和幸福的生活。在现代快节奏的生活中，正念成为一种重要的心理健康工具，引导人们走向更加平和与满足的生活道路。

2. 与主题相关的瑜伽体式

冥想、呼吸练习以及各种需要保持专注的体式都可以。

3. 教学过程中的引导词

开场	运动中
瑜伽强调通过冥想、呼吸练习以及体式的练习控制心的波动，传递一种正念的思想，就是专注于当下做的事情，摒弃杂念。在我们的呼吸和冥想练习中，你无需刻意去想什么或者不去想什么，只根据老师的语音引导沉浸其中就好。在冥想中集中关注在呼吸上，体会呼吸带动身体各部位微妙的感觉。如果你的思绪游离了，无需评判只需要又拉回到呼吸上就好。在体式当中，集中在练习本身就好。	（比如冥想）现在请放慢呼吸的节奏，慢慢地吸气，感受气息从鼻腔进入喉咙、胸腔，感受到小腹慢慢向外扩张，缓缓地呼气感受腹部内收，去贴向后腰背，在吸气时向上延展脊柱，呼气时向下放松肩膀。只是关注你的呼吸，感受呼吸之间你的胸腔、小腹的起伏变化，如果思绪游离，又回到呼吸上就好。 （比如战士一式）现在感受你屈膝的大腿肌肉有没有收紧的感觉？你的脚趾是否在用力抓地，臀肌是否收紧，核心是否收紧，你是否在晃动？如果是，请再把你的盆底肌也收紧一些，再去看看是否稳定了一些，保持眼神的坚定，盯住一个不动的点也有助于你的稳定。
停顿中	结束
现在在这个体式中保持10个呼吸，吸气时感受脊柱的延展，呼气时放松小腹，感受到哪里紧张，呼气时就放	今天以及接下来的所有课程，在练习中都要保持对自己的专注。正念的思想并不是要求你去想多么积极正

松这里。不带有情绪出来,只需要把意识集中在自己感觉到最紧张的部位上就好	能量的东西,而是让你不加评判地专注在当下的事情上就好。练习中我们可以专注在呼吸上,专注在肌肉的感觉上。生活中当我们想的太多而无法控制思绪焦虑烦躁之时,不如把这种专注当下的正念思想带入进去,你可以像课堂上这样随时保持几分钟对呼吸的专注,或者专注在你当下在做的事情上,比如走路就去感知脚踩在地上的感觉,喝水就去感知水的味道,上课就专注在正在学的东西上等。总之,只要想的多行动力不够的时候,就马上提醒自己专注在当下的事情上来,日积月累,你会渐渐感觉到自己的行动力、专注度都会有明显的提升,也能很好地缓解焦虑问题。

主题九 专注一处

1. 关于主题的简短介绍

专注一处,是一种珍贵而强大的品质。当我们将心思集中在某一目标、任务或思考上时,我们能够发挥最大的潜力,取得更出色的成果。专注的力量在于它能够消除外界的干扰,使我们能够更深入地思考、更高效地行动。专注一处,意味着我们能够将全部精力投入到眼前的事物中,充分发挥自己的创造力和执行力。这种专注力,既是实现目标的关键,也是培养内在深度的途径。通过专注一处,我们能够更好地领悟事物的本质,体验到工作或学习中的深层次满足感,使自己更有内在的成就感。在这个分心和喧嚣的时代,专注一处成为了塑造个体成就和生活品质的不可或缺的元素。

2. 与主题相关的瑜伽体式

需要高度专注的平衡类体式,如树式、站立手抓脚趾伸展式、虎式、战士三式等。

3. 教学过程中的引导词

开场	运动中
今天的瑜伽课程，我们将一同探索身体、心灵与呼吸之间深刻的联系。在这个喧嚣的世界中，我们往往被无尽的琐事所困扰，被无数碎片化的信息淹没，专注力越来越差。今天，我们要通过体式练习逐步找回我们的专注力。瑜伽练习中，专注一处，不仅是瑜伽练习的基石，更是通往内心平静和身体平衡的钥匙。在这个瑜伽旅程中，我们将通过深度呼吸、身体伸展和专注冥想，唤醒身体的每一寸感知，引导思绪回归当下。请让我们摆脱外界的纷扰，进入属于自己的瑜伽时光，与身心灵深度连接，寻找那份宁静与内在的力量。	（比如树式）这是一个站立平衡类的体式，需要你保持高度的专注才能站得稳。山式站立站好，深呼吸，调匀你的呼吸，收紧核心，抬起右脚踩住左大腿内侧，观察自己是否晃动得很厉害。要想站得稳，眼睛的凝视点非常重要。现在重现尝试一次，请将你的目光盯住一个不动的点，找准你的凝视点，收紧核心，调匀呼吸，专注在你的身体上，抬起脚时依然保持这种专注，沉浸在自己的练习当中，现在看看你的晃动是否好了很多，你是否能较稳定地在这个体式中稍作停留了。 请记住，练习中，专注一处。如果你的思绪游离，请马上拉回到这里来，现在此刻你在练习，身体在这，心也要在这。如果你心不在焉，你的练习很容易受伤，也不会有什么效果。
停顿中	结束
刚才的练习中，你观察到凝视点的重要性了吗？只要将眼睛盯住一处，专注一处，你的体式做起来就更容易。现在试着让我们在平衡的体式中保持几秒钟，当你保持时间越来越长的时候，观察你是怎样做到的。	在专注一处的瑜伽旅程中，我们共同经历了身体与心灵的深刻交流，感受到那份令人平静的力量。此刻，让我们温柔地闭上眼睛，深吸一口气，感受呼吸的流动，回望我们刚刚走过的这段旅程。在这片专注的海洋中，我们释放了繁忙的心绪，培养了对当下的深刻感知。或许，我们发现了身体柔软的力量，也可能在冥想的静默中找到了内在的平静湖泊。无论你在这个过程中体验到了什么，让我们心存感激，因为每一次的专注都是向内心深处迈出的一步。 在日复一日的喧嚣中，记得随时停下脚步，回归专注一处的力量，希望我们的瑜伽之旅成为生活中的一片悠然净土，时刻提醒着内在的和谐正是平衡的源泉。谢谢大家，愿你们拥有美好的一天！

主题十　自我控制

1. 关于主题的简短介绍

在当今瞬息万变的社会中，自我控制成为一种弥足珍贵的品质。在面对生活的诸多挑战和诱惑时，能够有效管理自己的情绪、欲望和行为，成为实现个人目标、维持健康关系以及实现内在平静的关键。自我控制并非简单的禁锢，而是一种智慧的体现，是对自己内在力量的认知和运用。通过培养自我控制，我们能够更好地驾驭生活的舵，更深刻地体验自由的本质。

2. 与主题相关的瑜伽体式

一些有挑战或者需要保持一定时间的体式。在保持姿势时，用巧妙的方式提醒学生觉知哪种方式让自己更费力或者更轻松一些，提醒他们尽自己所能地练习自我控制。

3. 教学过程中的引导词

开场	运动中
瑜伽八支中将节制、不纵欲作为重要的自制。这条戒律教导我们，在瑜伽练习中，要保持合适的强度，合理使用自己的能量。请在接下来的练习中，尽可能去探寻不同体式中适合自己的方式，觉知练习中自己的情绪、感受、发力方式，尤其是在练习一些你并不喜欢的体式时，学会控制负面情绪，在一些比较费力的体式中学会尝试"巧劲"，在一些保持时间久一些的体式中学会控制发力。	当你反复尝试都不能完成这个体式时，你是否出现了烦躁、气馁的情绪，不妨控制一下自己的这些情绪，带着平和的心态再去尝试几次。看看当你有情绪和能控制情绪后你做这个动作能完成的程度的差异。 在做这个体式时，尝试采取不同的方式进入，看看哪种方式对你更合适，感觉更轻松，在这种方式中，你是如何控制相应的肌肉的？ 在动作停留时，看看如何控制你的气息、肌肉发力以使这个动作更轻松。
停顿中	结束
花一些时间休息、呼吸，再次感受你的能量。给自己充分的时间休息，不要仓促应付。休息也是瑜伽练习中重要而且必要的部分。现在需要控制自己的身心变得柔软和放松。	现在做仰卧放松功的时候，让你的身体平静下来，在这里你不需要使用任何能量。只需放慢呼吸，让你的头脑平静下来，并跟随我的口令，逐一放松全身各个部位。在这里觉察你是如

	何控制身体不同部位的肌肉慢慢放松的。
通过反复的刻意练习,你对自己的身体、呼吸和情绪的控制会逐渐增强。

主题十一　非暴力

1. 关于主题的简短介绍

非暴力是瑜伽哲学中的一个重要概念,意味着不伤害、不暴力,是瑜伽修行的基本道德准则之一。在瑜伽中,非暴力不仅仅是指身体上的不伤害,更包括言语和思想上的不伤害。具体来说,在身体层面:要避免对他人或自己施加身体上的伤害。这包括不仅仅是直接的身体伤害,还包括通过行为或态度传递的负面能量。在言语方面:避免使用伤人的言辞,不说伤害他人感情或引起冲突的话语。通过温和、尊重和建设性的言辞来表达自己的意见。在思想层面:不仅要控制言语和行为,还要培养积极的、善良的思想,避免消极、有害的思想,如愤怒、仇恨和嫉妒。非暴力被视为瑜伽修行的基础,认为通过实践非暴力,个体能够实现内在的平静、和谐和完整。这个原则也被广泛应用于日常生活,追求社会和谐与和平。在实践瑜伽的过程中,强调非暴力有助于个体的身心灵健康,同时也有助于创造一个更美好、更和谐的社会。

2. 与主题相关的瑜伽体式

坐姿冥想、仰卧冥想或者一些有挑战性的体式,重在引导学生保持内心平和、逐步循序渐进进入,不要暴力对待自己的身体,也可以组织双人辅助,或小组合作环节,引导练习中非暴力辅助他人,关爱同伴。

3. 教学过程中的引导词

开场	运动中
瑜伽中最重要的道德戒律是"非	(体式练习中)进入这个体式的时

暴力"。这种非暴力不仅指行为上不伤害他人、不暴力对待自己，更是要成为一种心态。在今天的练习中，请尽量保持情绪和呼吸的稳定，以一颗平和的心去体会体式练习中的感觉，每一个动作的练习，请遵循循序渐进的原则，让内心充满爱而非暴力，温和地进行。	候，你可以保持平静吗？你是急切地想要完成它还是会听从身体的反馈？当你做不到时，你是会烦躁会抵触还是会强迫自己"硬掰"？体式的完成不是一蹴而就的，请跟随老师的口令，一步一步加深，无法完成时，请不必强迫自己暴力进行，停在上一步当中就好。 （辅助同学时）当你在辅助同学时，请务必时刻关注对方的反应，询问对方的感受，温柔地辅助对方，当对方说不能再继续了，请不要暴力按压。 记住，安全是首要的，要温柔而非暴力地对待自己和他人。
停顿中	结束
在这里放慢你的呼吸，让心跳逐渐变得平稳下来，观察身体，感受到哪里最紧张请用呼吸去调整，不要带有情绪，采用温柔的方式释放身心的紧张。一次次地呼气，放松，体会内心的感受，让我们带着平和与爱去与身体对话吧。	在今天的练习中你体会到非暴力的意义了吗？你可以把这种爱与平和的心态带入你的生活吗？遇到生气的事情，请深呼吸，让自己先平静下来，保持一种非暴力的心态去解决问题。记住，真正的瑜伽修习是在瑜伽课结束后才开始的。请用爱而非暴力面对你的生活。

主题十二　保持敬畏之心

1. 关于主题的简短介绍

瑜伽哲学里强调信仰自在天，实际上可以理解为对生命、自然、道德价值或超越自我的事物保持一颗敬畏之心。首先，对生命的敬畏，包括对人类、动植物以及自然界的各种生命形式的尊重和敬畏。其次，对道德价值观的敬畏，鼓励积极的道德行为，包括诚实、正直、慈悲、宽容等。再次，对自然敬畏。尊重自然界的力量和规律，认识到人类与自然之间的相互依存关系，以及人类对自然的责任。还包括对超越自我的敬畏。保持对更大、更高层次的意义和存在的敬畏，这可能包括对宗教信仰、灵性实践或人生目标的敬畏。最后，还要保持对知识和智慧的敬畏，促使自身不断学习、成长。在日常生活中，保持敬畏之心可以为人们提供一种积极、有意义的生活态度，引导他们对自身、他人和世界保持敏感和谨慎。这种心态也有助于培养谦卑、感恩和责任心。

2. 与主题相关的瑜伽体式

选择一些既有挑战性又令人谦恭的体式，如龟式、神猴式、双腿绕头式这样的体式。教授这些体式时要为学生提供循序渐进的自我研习方法与步骤。

3. 教学过程中的引导词

开场	运动中
作为瑜伽的信条之一，敬仰自在天提醒我们，尽管在自我意识中个体是重要的，但是，与更多宏大的存在相比，比如大自然、全人类，个体又是渺小，希望我们对此保持敬畏之心。	敬畏的表现形式是多样的。此刻，敬畏就是根据自己的身体状态选择体式，而不是勉强或强迫自己，将自己置于不安全的境地。要在练习中慢慢体会自己能做什么，不能做什么，对当下自己的身体状况保持敬畏之心，不要在身体还未做好准备的情况下，盲目执着于挑战更难的动作。
停顿中	结束
此刻的休息也在表达敬畏——敬畏静止、敬畏呼吸。当我们一起呼吸的时候，记住我们是更宏大的存在（我们这个团体、这个世界、全人类）的一部分。在这间小教室里，感受我们与他人、与空间能量场域之间的联系。	（结束仪式）现在请双手胸前合十，微闭双眼，让我们怀着一颗无比虔诚的心去感恩生命、敬畏生命。

主题十三　慈爱心

1. 关于主题的简短介绍

瑜伽八支里强调要有慈爱心。慈爱心是一种深刻而温暖的情感，表达了对他人的深厚关爱和关心。这种心灵的美德超越了自我，体现在对他人的理解、宽容和支持上。慈爱心使人更愿意关注他人的需求和感受，促使我们在人际关系中表现出温和、体谅和善意。这种品质在家庭、友谊和社会中都具有重要作用，创造了和谐、温馨的人际环境。通过展现慈爱心，我们能够建立更紧密、更有意义的人际关系，为身边的人带来温暖和安慰。

2. 与主题相关的瑜伽体式

能够打开心胸的全呼吸、后弯类体式及婴儿式等。

3. 教学过程中的引导词

开场	运动中
今天的练习主要是打开我们的前胸腔，不仅对改善含胸驼背、胸闷气短有很大的帮助，也有助于敞开心扉，让爱与包容常驻心间。请用心体会动作前后内心的变化。	（比如呼吸冥想时）在脑海中想想自己站在一片宁静的湖畔，清晨的阳光洒在湖面上，泛起微波。在这片湖水中，我们看到了自己的倒影，那是一个充满慈爱和善意的自己。慢慢地，我们开始感受到，这份慈爱不仅存在于我们自己的内心，也存在于我们与周围世界的联系中。在这份慈爱之光中，我们开始释放内心的紧张和恐惧，让它们随风飘散。我们感受到周围一切的美好和和谐，体会到生命的奇妙与无限可能。 （比如练体式时）试着吸气将胸腔的空间打开，给我们的心留下更多的空间，并带着温柔的、慈爱的心去对待我们的身体，试着慢慢去找到肌肉发力的感觉，在关节允许的范围里逐步加深。
停顿中	结束
爱的本质是共情。在这里，与自我共情，给自己充足的时间关注身体的感受、恢复体力。学会与自我共情，我们才能更好地与他人共情。	现在进入休息术，深呼吸，放松身心。用心感受周围一切的美好和和谐，体会生命的奇妙与无限可能。让我们怀揣慈爱之心，关爱自己、关爱他人，并将这份温暖和善意传递给身边的人。

主题十四 心怀感恩

1. 关于主题的简短介绍

在这个课程中,我们将一同深入探讨心怀感恩的力量,通过瑜伽的练习唤醒对生活的感激之心。感恩并不仅仅是一种情感,更是一种生活态度,一种能够为我们的身心灵带来平衡与宁静的力量。通过瑜伽的呼吸、动作和冥想,我们将共同学会如何在每个瑜伽之姿中培养感恩,创造一种深深植根于当下的美好体验。让我们在这个心灵之旅中共同感受每个呼吸的神奇、每个动作的力量,以及生命中每一个值得感激的瞬间。无论是挑战的体式还是舒缓的冥想,都是一次表达对自身、他人和整个宇宙的感激之旅。

2. 与主题相关的瑜伽体式

拜日式、前屈类体式或者创设感恩的课堂结束仪式。

3. 教学过程中的引导词

开场	运动中
感恩不仅是一种态度,更是一把开启心灵之门的钥匙,让我们走进一段充满温暖与慈悲的旅程。通过瑜伽的练习,我们将学会在每个呼吸中注入感恩的力量,将心灵的焦点聚集在当下的美好中。无论是身体的灵活性、内在的平静,还是生活中的点滴小确幸,都值得我们深深感激。	(比如拜日式)拜日式是古印度人为感激太阳赐予人类光明和能量而创造的十二个姿势,让我们面朝太阳进行练习,双手合十代表心怀感恩,前屈向下代表谦卑虔诚。在一遍一遍的重复练习中培养我们对大自然的感恩之心。
停顿中	结束
放慢呼吸,停留在当下。吸气时感受内在空间被慢慢打开,给自己的内心留出更多的空间,缓缓呼气,吐尽体内的不满与抱怨。在这里静静地感受你的心跳,感恩生命赐予我们无限的可能性。	(创设仪式)现在请将双手胸前合十,微闭双眼,微微低头,让我们怀着无比虔诚的心,感恩生命里那些帮助过我们的人,希望他们一切都好!同时对生命中伤害过我们的人和事释怀,感恩他们让我们学会了成长。

主题十五 觉知呼吸

1. 关于主题的简短介绍

觉知呼吸是一种深刻的心灵实践，通过专注于呼吸的自然流动，我们能够带领心灵回到当下。这个简单而强大的技巧是冥想和心灵平静的重要组成部分。觉知呼吸的本质在于将我们的意识聚焦在每一次呼吸的过程中。当我们用心感知呼吸的进出，意识自然地从过去和未来的烦扰中解脱出来，回归到当前的片刻。这种专注于呼吸的冥想实践不仅有助于减轻压力和焦虑，还能够培养内在的平静和冷静。觉知呼吸是一种简单易行的技巧，可以在任何时刻、任何地点实施。它提醒我们珍惜当下，平复心绪，同时也为身心健康带来正面的影响。通过觉知呼吸，我们能够在喧嚣的世界中找到片刻的宁静，拥抱内在的平和，体验生命的深度与美好。

2. 与主题相关的瑜伽练习

呼吸+冥想练习，以及一些呼吸和体式配合后有较明显变化的动作，如扭转类、前屈类体式。

3. 教学过程中的引导词

开场	运动中
我们成人每天大概呼吸 28000 多次，呼吸是我们每时每刻都在进行的一种运动，如果你的呼吸很深入，呼吸模式是对的，你就在不知不觉中进行了 28000 多次正确的运动。呼吸可以锻炼我们内在深层的肌肉，和动作配合，可以加深动作的幅度，增加体式练习的效果。让我们在呼吸练习中认真体会一呼一吸，感受呼吸时胸腔小腹的起伏变化，体会吸气时肌肉随之延展、呼气时肌肉随之放松的感觉。如果思绪游离，只须回到呼吸上就好。	（如扭转类体式）现在配合呼吸进行，吸气时感受脊柱无限向上延展，呼气向后扭转。吸气时先延长整个脊柱，想象脊柱的扭转就像是拧毛巾一样，毛巾要拉长了才更好拧紧。试着把你的吸气更深入一些，感受脊柱被拉长、整个胸腔空间被打开，呼气再加深扭转。体会一下呼吸配合前后体式的变化，有没有感觉呼吸配合以后扭转更深入了？更轻松了？ （如前屈类体式）现在不配合呼吸，来进行一次前屈，感受一下腿的紧张程度，观察你的手离脚的距离。现在将呼吸带入，吸气拉长背部尝试抓脚，呼气放松腹部，让腹部去靠向大腿，感

	受到哪里最紧张就将呼吸带到这里，不断提醒自己呼气放松放松再放松。现在感受一下你身体的紧张程度，观察一下你的手是否可以离脚近一点了？
停顿中	结束
（如扭转停留）现在通过三次呼吸调整，将扭转幅度做到最大。吸气延长，呼气加深，做到你的极限就停在这里三个呼吸时间。让你的呼吸缓慢深长，不要屏吸，精神放松	现在在休息术中，放慢呼吸，慢慢的吸气感受小腹和胸腔内在空间的打开，缓缓地呼气感受小腹放松、下背部放松，让缓慢的呼吸带动身体完全放松下来。通过今天对呼吸的关注和刻意练习，你一定感受到了呼吸系统和肌肉系统、神经系统之间那种微妙的联系了吧。在生活中，当你感受到紧张、压力大时，不妨多做几次深呼吸，刺激一下副交感神经，会马上平复你的紧张。当你感到焦虑、琐事很多时，也不妨像课堂上一样，将注意力集中在呼吸上几分钟，清楚杂念，从而平和心态。记住，呼吸是一件我们随时随地可以关注的事情。

主题十六 珍视自己的独特性

1. 关于主题的简短介绍

每个人都是独一无二的个体，拥有独特的品质和特点。正视自己的独特性，意味着我们不再被社会的期望和标准所束缚，而是开始欣赏和珍惜自己独有的特质。在这个过程中，我们学会接受自己的不完美，并将其视为独特的美丽。正视自己的独特性，让我们更加自信，敢于追求自己的梦想，而不受他人的眼光左右。这种自我肯定和认同，不仅为个人发展提供了坚实的基础，也为社会带来了更加丰富和多元的力量。在正视自己的独特性中，我们找到了自由和快乐，成为生活中独一无二的精彩存在。

2. 与主题相关的瑜伽体式

不同类型的体式穿插，重在引导学生观察自己在体式中不同的感受与表现，以及在完成体式过程中采用的不同方式。

3. 教学过程中的引导词

开场	运动中
今天的练习中，请大家关注在动作中自己的感受和完成动作的方式上。我会有一系列的提问，来了解每个人的感受。也希望通过不同感受的呈现，让大家了解到，原来一样的动作大家身体的局限是不一样的，感受也是不一样的。请大家不必为自己的不同感到不好意思，哪怕在动作中只有你一个人有这种感觉，那也是你真实的感受，并没有正确错误之分。因为我们每个人的身体基础都是不一样的，认清自己的独特性才能知道如何更好地找到适合自己的方式进行提升。	（比如蝴蝶式）在这个动作中，你感觉哪里拉伸感最强烈？有没有人感觉臀部紧张？有人感觉大腿外侧最紧张吗？有人感觉腹股沟紧张吗？有人感觉大腿内侧最紧张吗？你看，通过举手，我已经了解到大家感觉到紧张的部位是不一样的，以上四个地方分别都有人举手了，还有的人同时感觉到以上几个部位都很紧张，有的没举手的是哪里哪里都没感觉的。非常好，无论你是哪种感觉，这都是你身体最真实的呈现，说明你身体不同部位的紧张程度是不一样的，哪里最紧张，就是你最需要突破的局限所在。我们知道了自己的局限，然后再采取针对性的方法，就能更高效地提升，也更能体会到练习带来的效果。看，虽然我们的身体构造都是差不多的，但每一个人在很多方面又都是不同的，这正是我们的独特之处。
停顿中	结束
现在在这个动作中停留 10 个呼吸，观察一下在动作的停留当中，你的意识是否一致专注在动作本身，还是在想别的，当这种停留让你越来越难受的时候，你内心是告诉自己再坚持一会儿，还是非常烦躁？当你的腿开始颤抖的时候，你是如何让自己再坚持下来的？现在请两位同学来谈谈你在动作停留中的感受吧。	通过练习中的反馈，大家都了解到相互的差异性，知道了自己的局限所在。不要因为你与别人不同，就去质疑自己，我们每个人本来就是独一无二的个体，要珍视自己的独特性。保持独特性，然后在此基础上精进自己，找到自己的优势所在，让自己成为闪闪发光的那一个。

主题十七　向内探寻

1. 关于主题的简短介绍

向内探寻是一种深入自我思考和感知的过程，旨在发现并理解内在的思想、情感和灵性层面。通过冥想、呼吸、体式的刻意练习，个体可以开启一段自我探寻的旅程。这种旅程通常涉及对过去经历、当下感受以及未来期望的审视，以实现更深刻的自我理解和个人成长。向内探寻是一个持续的过程，促使个体更全面、坦诚地面对自己，并寻求更有意义的生活和心灵层面的满足。

2. 与主题相关的瑜伽体式

冥想、呼吸及任何体式都可以，重在练习中加强引导觉知自我。

3. 教学过程中的引导词

开场	运动中
在今天的练习中，请大家从向外索求转向向内探寻。平时在生活中，我们总习惯于关注外在、关注他人对我们的看法，很少静心去探索内在的未知空间。在今天的课堂上，请始终将关注点放在自己的身上，经由我们的呼吸去觉知我们内在的情绪，经由体式去觉知我们的肌肉、筋膜。	在瑜伽的世界里，每一次的呼吸与动作都是与内心深处对话的契机。现在，请随着我的引导，让我们一同向内探寻，感受身心的和谐与宁静。 请盘腿坐下，挺直脊柱，双手轻轻放在膝盖上，闭上眼睛，慢慢地深呼吸。随着呼吸的深入，想象自己正在走进一片宁静的森林，阳光透过树叶的缝隙洒在你的身上，温暖而柔和。你感到自己的脚步轻盈，每一步都踏在厚厚的落叶上，发出细微而悦耳的声音。现在，请你将注意力转移到身体上，感受每一个细胞都在呼吸，每一个关节都在放松。想象你的身体像一棵大树，深深地扎根于大地，向上挺拔，枝叶繁茂。 接下来，我们将开始一个简单的体式练习——树式。请将你的左脚稳稳地踩在地面上，右脚脚掌贴在左大腿内侧，双手合十在胸前，保持平衡。在这个体式中，请感受你与大地的连

	接,感受右脚与左腿的亲密接触。想象你的身体像一棵大树,稳固而有力。随着呼吸的深入,请感受身体内部的能量在流动,像树液一样滋养着你的每一个细胞。现在,请将你的注意力转向内心,感受内心的平静与安宁。在这个体式中,你可以思考生活中的种种问题,但请不要被它们所困扰。让它们像落叶一样轻轻地飘落在地上,而你只须保持内心的平静与专注。随着呼吸的深入,请感受自己与宇宙的连接,感受自己的存在是如此的微小而伟大。请珍惜这个时刻,与自己的内心深处对话,聆听内心的声音,寻找真正的自我。最后,请慢慢地将右脚放回地面,双手放在膝盖上,挺直脊柱。感受身体与心灵的和谐统一,感受内心的平静与安宁。
停顿中	结束
在这里,回归现实的自我。伴随着呼吸感受内在的自我。	瑜伽课上的运动有助于我们更好地应对生活中发生的一切,在每个动作、每个体式和每次呼吸中,我们都变得更加了解自己,建立更多与自我的联系。在这个过程中,我们提高了进入自己隐秘、安静的内在空间的能力。而越是了解自己,就越是能更好地面对外在的变化。 我们离开这间教室后,也要继续探索自我。每天或每周都回到这种探索的过程中。我们要记住,当我们在认识真正的自我时,我们正走在一条更加清晰的通向幸福的道路上。

主题十八 觉知自我

1. 关于主题的简短介绍

觉知自我是一种对内在体验和外部环境的深刻认知,是对自己思维、感觉和行为的敏感感知。这一概念源自正念（mindfulness）和自我意识的研究，强调个体对于自身状况的全面觉知。觉知自我不仅包括对情感和思想的理解，还关注对身体感觉、行为模式以及周围环境的敏感洞察。通过培养觉知自我，个体能够更深入地了解自己，提高情绪智慧，更好地应对生活中的挑战。这一概念在心理学、哲学和精神实践中都有着重要的地位，被认为是个体成长和心理健康的重要组成部分。我们的瑜伽垫就是我们观察自己潜意识的实验室。在这里，我们会观察到潜意识带给我们的行为习惯和思维模式，我们如何运动、呼吸、思考以及我们有什么感受，既能反映我们在生活中的习惯，也有助于我们更了解自己，从而做得更好。

2. 与主题相关的瑜伽体式

任何体式都可以，引导学生观察他们自己在瑜伽课上的习惯。

3. 教学过程中的引导词

开场	运动中
在接下来的练习中，请跟随我的口令观察你的呼吸，觉察你身体的每一个部位，像关爱老朋友一样关注你的一呼一吸，观察你的每一个关节，每一块肌肉，每一寸肌肤。让我们的身心皆在当下，带有觉知的练习就好。	你是否在全身心倾听老师的口令，你是否能根据老师的口令做出反应，你进入体式和退出体式时是急切的还是缓慢的？你现在的状态是较为紧张还是过于放松？你会将所有的能量用在体式练习中吗？当拉伸不舒服时，你会带有情绪出来吗？你的呼吸是急促的还是平稳的？全然专注在自己的练习当中。
停顿中	结束
注意自己在这里出现的惯性思维。我们渴望很快进入下一组运动吗？我们能做到耐心地休息、耐心地对待自己及他人吗？	放慢呼吸，感受一下练习结束后你的呼吸是怎样的，让呼吸缓慢深长一些，感受一下此刻是否放松，从脚到头逐一扫描全身，感受到哪里紧张就放松哪里。在放松、联结、合一这样舒适的感觉中结束今天的课程。试着带着这种觉知观察生活中的你是如何思考，如何行动的。

主题十九　接纳自己

1. 关于主题的简短介绍

接纳自己是一项重要的心理工作，意味着理解并欣赏自己的独特之处，接受自己的过去和现在，无论是成功还是失败。这种态度不仅是对个体内在价值的承认，也是建立健康自尊心的基石。接纳自己并不等同于停滞不前，而是在自我成长的过程中保持对自身的善意。这种心态有助于缓解内在的焦虑和自我批评，创造一个更积极的自我形象。通过接纳自己，我们能够更自信地面对生活的挑战，培养更强大的内在力量。这种积极的自我态度也能够影响我们与他人的关系，建立更加真实和深刻的连接。

2. 与主题相关的瑜伽体式

一些拉伸或者需要平衡、力量的体式组合在一起教学。

3. 教学过程中的引导词

开场	运动中
在今天的练习中，只是关注自己，无论在体式当中你做的怎样，都不要去和别人比较，每一个人都是独一无二的，身体状况都不一样，有的人可能觉得这个体式特别简单，有的可能就会感觉特别难，做的好与不好，程度如何，都只需要记得自己练习时的情绪和样子就好。	你是否无法在平衡体式中保持稳定，是否在力量体式中无法启动肌肉、是否在拉伸当中感觉特别难受，全身僵硬？无论什么感觉，这都是你真实的感受，是你身体此时此刻给你的反馈。不要因为这些感觉让自己有负罪感，并抵抗排斥这些练习。正好相反，你不擅长的地方，也正是你身体的局限所在，你只需要记住当下自己在这个体式中的完成度，接纳当下真实的自己。等到我们多次练习后再去看看自己的进步程度。越是有局限，越是要练习。
停顿中	结束
感觉到自己哪里最难受了吗？哪里最无力？哪里拉伸感最强烈？试着深呼吸，呼气放松身体的紧张。	在仰卧放松功中从脚到头扫描一遍全身，经过今天的练习，你是否对自己不同部位的紧张程度有了更深的了解，不管是力量很差，还是柔韧很差，那都是真实的自己。接受自己不完美的事实，对自己宽容慈悲一些，只有接纳以后才能更加积极正面地做出有益的改变。

主题二十　谅解和祝福

1. 关于主题的简短介绍

谅解和祝福，是人与人之间深刻而温暖的交流。谅解是一种超越差异的力量，它教会我们接纳彼此的不同，理解对方的处境，建立起心灵的连接。在谅解的基础上，祝福便如一道明亮的桥梁，将人们的心灵紧密相连。在谅解中，我们学会了容忍他人的过错，接纳彼此的独特性。这种理解不仅带来内心的宽慰，也促使人们在关系中培养更深厚的情感。而当我们在谅解的空间里释放了过往的矛盾和误解，祝福便成为自然而然的流露。祝福是一种积极的情感输出，它构建了人际关系的桥梁，为彼此的人生之旅增添了美好的色彩。谅解和祝福不仅是人与人之间的礼物，更是一种智慧和仁慈的表达。在这个充满纷扰和挑战的世界里，让我们用谅解去拓展心灵的空间，用祝福去装点彼此的人生，共同创造出更加和谐与幸福的现实。

2. 与主题相关的瑜伽体式

比较具有挑战性的平衡类体式。只有在我们真正需要时，遗忘和祝福才会有效果。保持平衡的练习是我们学习放手并继续前进的好机会。

3. 教学过程中的引导词

开场	运动中
我们每个人都会有说出某些事情后立刻感到后悔的时刻，也会有做错事情或者出糗事的时候，这是很正常的情况。当事情已经发生，不妨选择原谅自己，只是去理性分析为什么会这样，而不是去责备自己，陷入一种消极的情绪当中久久不能释怀，下次我们避免这样的事情再次发生就好。对待他人也是这样，选择原谅，真诚祝福，继续前行。在今天的练习中，无论刚开始的尝试有多么的狼狈，请不要自责，也不要嘲笑别人，原谅自己，也真诚祝福他人获得进步。	在这个体式当中，你的髋部能打开吗？你的膝盖是否总是内扣？屈膝时腿是否不受控制的颤抖？看见别人能做到你却做不到时，注意自己的想法，你是否有些气馁，有些自责，甚至对自己的身体素质有些失望？或者有些同学在这个体式当中做的很轻松，旁边同学却感觉异常艰难，每一个动作都做不到位，当你看到身边同学这样时你是什么想法？ 如果你对自己的表现有些气馁有些自责，又或者你对他人的表现内心有些小傲娇，也请调整过来，请允许一切想法的出现，正视这些想法，然后原谅自己这一次的不完美，也接纳别人的不一样，专注自己的练习本身，认可自己的努力，认可自己在这里挑战自我的能力。

停顿中	结束
去体会在停留当中，你身体和内心的感受，在这段时间里，静止给了我们感受包容和自由的机会。摆脱对自己的消极评价，我们比我们以为的要好得多	随着我们进入仰卧放松功，允许我们的思想和心灵对一切给予更多的谅解。在这里，我们不需要惩罚自己也不必感到懊悔。现在将双手在胸前合十，闭眼微微低头，让我们怀着虔诚的心去祝福所有给予过我们帮助的人，也祝福生命中那些曾经伤害过我们的人，因为是他们让我们学会了成长。让我们带着这份平和的心态走出教室吧！

第四节 30个课程思政冥想主题

冥想是瑜伽课重要的组成部分，也是传递课程思政目标非常重要的环节。每节课用10分钟左右的时间，帮助同学们安静下来，通过提前设定好的冥想主题和冥想词，可极好地传递课程思政的元素，潜移默化地影响学生。这里设置了30个冥想主题，不同主题对应到的课程思政元素见表10-10。

表10-10 30个冥想主题及传递的思政元素

思政元素	思政目标	冥想主题
生命健康观念及行为	促进学生形成身心一统的整体健康观念、健康的生活方式和积极的生活态度	清理身体负能量 清理消极能量 拥抱健康、疗愈身体 珍爱自己 爱自己、爱他人 自我肯定 放下焦虑与压力 脚踏实地、梦想成真

续表

思政元素	思政目标	冥想主题
意志品质	塑造学生不畏困难、坚韧、专注、自律节制的意志品质	整理思绪、回归专注 冥想放松、专注当下 直面恐惧、充满勇气 成为更勇敢的自己
道德修养	培养学生谦卑、感恩、仁爱、平和非暴力的道德修养	尊重生命 敬畏生命 感恩生命 爱由心生 爱与慈悲 平和与放松
心理健康水平	教会学生情绪管理和自我觉知的技巧与方法，帮助其提升心理健康水平，实现心灵成长	关注身体、逐一放松 感受呼吸、全身放松 扫描全身、释放压力 缓解焦虑、平和心态 探索自我 允许一切发生 正视自己 欣赏自己、建立自信 接纳自己 好好与自己相处 积极地自我暗示 意识觉醒

主题一　关注身体、逐一放松

在这一节的练习中，我们将共同踏上一段身体放松、心灵平和的旅程。请将你的注意力紧紧跟随我的语音引导，避免陷入深度催眠的境地。若你的思绪偶尔飘离，无须焦虑，只须轻轻提醒自己，将意识重新聚焦于我们此刻关注的身体部位。

请寻找一个让你感到舒适的坐姿，慢慢闭上双眼，让外界的喧嚣渐渐远去。此刻，你的头脑应如平静的湖面，不再被忧虑的涟漪所打扰。这是属于你的时光,纯粹的放松与自我觉察的时刻。现在,请你跟随气息的流动,深深地吸气,再缓缓地呼气。注意观察每一次呼吸之间你胸腹部的起伏变化。有意识地感受呼吸带来的身体细微变化,吸气时,仿佛清新的空气从鼻腔流出,穿越喉咙,温柔地充盈你的肺部;呼气时,仿佛所有的紧张与疲惫都随着气息的流逝而消散,整个身体在放松中获得了新生。随着呼吸的深入与平缓,你将感受到身体各部位的紧张感逐渐消散。现在,请将注意力集中到你的脸部。感受脸部的肌肉在放松中变得柔软,仿佛卸下了所有的重担。关注你的头顶、太阳穴、额头、眉心,这些部位曾经的紧绷感,此刻正在你的关注下慢慢融化。有意识地放松眼部周围的肌肉,让眼睛得到充分的休息,放松你的鼻子、嘴巴和舌头,让它们回归自然的状态。放松你的下巴,让整个脸部都沉浸在轻松与舒适之中。接下来,将注意力转移到你的肩膀和双臂。感受大臂、手肘和前臂的肌肉在放松中变得松弛,它们不再承受任何压力,只是静静地存在于你的身体两侧。现在,有意识地放松你的后背和下背部,让脊柱得到舒展。你的腿部也开始放松,膝盖、小腿、脚踝和双脚都在你的关注下变得轻盈。最后,将这份放松的感觉延伸到你的指尖,仿佛每一个细胞都在此刻得到了充分的休息。现在,请将注意力扩展到你的全身。静静地感受体内能量的流动,仿佛有一股温暖的力量在滋养着你的每一个细胞。尝试去感受这股能量的频率和色彩,它们或许是柔和的蓝色、宁静的绿色或是充满生机的橙色,在能量的滋养下,所有的紧张、焦虑和不安都开始慢慢消散,取而代之的是深深的放松与宁静。随着练习的深入,你会越来越熟悉自己的身体感觉,变得更加乐观和充满正能量,内心也变得更加踏实和安宁。你会更加珍惜当下的每一个瞬间,以更加平和的心态去面对自己和周围的一切。当你感到压力重重时,只须将注意力集中到呼吸上,通过对呼吸的观察和调控,你会发现自己变得更加平静和从容。你将学会用内心的力量去应对一切挑战和压力,让自己的情绪始终保持在一种平衡和稳定的状态。

现在,是时候将意识缓缓拉回到现实中了。请舒展你的身体,慢慢地睁开眼睛。你会发现自己已经变得彻底清醒和放松,仿佛经历了一次身心的洗礼。带着这份智慧和品格，去迎接生命中的每一天吧！

主题二 整理思绪、回归专注

选择一个舒适的坐姿，让身体慢慢地放松下来，轻轻地闭上眼睛，试着去放下那些占据在你大脑中的所有思绪，在接下来的时间里，你不需要做其他任何事情，只需要将注意力集中于自己身上。继续自然的呼吸，现在尝试吸气时比上一次更深、更长，吸气时感受肺部在逐渐变得充盛，呼气时，一切都在慢慢收紧。现在让呼吸回到自然的节奏，不需要刻意控制，只接受和感受它。

把心收回来，把时间留给自己，让我们一起此刻觉察。如果你最近无法集中自己的专注力，在练习当中，让我们一起整理思绪，排除杂念，通过身心的放松，重置大脑神经，回归专注。在开始冥想前，让我们调整到一个舒适的坐姿，保持脊柱立直，肩膀微微展开，双手自然放在身体两侧或大腿上，双腿盘坐或双脚放于地面。当你准备好了，轻轻地闭上眼睛，跟随我声音的引导，一起做几次深呼吸。深深地吸气，去感受此刻你的鼻腔中流动的气息，缓缓地吐出，感受你的嘴唇上方清晰流动的触感，吸气，感受呼吸留向了你的肺部，吐气，再从肺部排出。让我们静静地感受呼吸，感受此刻融入呼吸时那放松愉悦的内在状态。如果你此刻脑中有念头出现，不必评价，也不必区分，更不必跟随，只是静静地等待它们出现又消失。现在集中你的注意力回答以下三个问题：今天最困扰你的问题是什么？这个困扰用一个颜色形容是什么颜色？这个困扰当下处于什么形状？好的，继续集中注意力，想象你的右手出现一块白色的橡皮，形状和大小根据你的需求可以任意改变。现在你可以转动手腕，想象你正在用橡皮一点点地清除环绕你的苦恼，脑中的杂念和烦恼正在逐渐被清理，保持自然的呼吸。好的，现在让我们慢慢将意识带回整个身体，跟随我做几次深呼吸，放松身心。深深地吸气，将空气全部填满肺部，呼气，从口中徐徐地吐出所有空气。当你准备好后，便可以缓缓地睁开双眼，缓慢地回顾你的四周，让自己的意识回到当下眼前的环境中，感受内在的宁静与舒适。

现在将意识逐渐收回,双手在胸前合十,快速搓热,用温热的手掌覆盖住双眼,让掌心的余温滋养眼周肌肤,减少眼部细纹的产生,再次搓热,盖住双眼,轻轻转揉,放松眼周。现在,我数到3,你慢慢睁开眼睛,1、2、3,睁开眼睛,适应一下眼前的光线,动动手指头脚趾头,感受一下你此刻身心的状态。

主题三 扫描全身、释放压力

请选择一个舒适的坐姿,让身体自然地放松下来。轻轻闭上双眼,挺直脊背,然后给自己几组深呼吸。吸气时,用鼻子缓缓吸入空气,感受气体从鼻腔进入身体的整个过程;呼气时,用鼻子慢慢呼出,将体内的废气和浊气排出。

接下来,请跟随我的指引,逐一扫描并放松你的身体。首先,用一次深呼吸来放松你的整个头颅,从头顶开始,放松你的面部皮肤,舒展眉头,让太阳穴放松,然后放松眼球,使其变得柔软并深陷进眼眶,眼皮像轻柔的被子覆盖在上面。接着,放松嘴巴、牙齿和舌头,最后,放松下巴。我们的头脑每天都在进行各种工作和思考,但很少有机会静下来。现在,请用一次深呼吸来彻底清空它,将你的意识专注于呼吸上。接下来,继续扫描你的脖颈区域。用一次呼气释放这里的紧张感。吸气时,感觉脖颈微微扩张;呼气时,想象喉咙区域积压的所有想说却不敢说的话、那些不被理解的话语,都随着呼气彻底释放。再往下,扫描你的肩膀和胸腔区域。呼气时,让它们完全放松,释放身上扛着的担子和内心的压力。吸气时,感受胸腔的微微起伏,像大海般宁静深远;呼气时,感觉胸口的烦恼变得越来越渺小,越来越远。继续扫描你的双臂和双手,从肩头开始,一直到手指尖。呼气时,想象一股气体从手指尖流出。我们的双手每天都在辛勤工作,却很少受到关注。现在,想象有温暖的白光包围着它们,滋养并温柔地放松它们。继续放松你的腹腔、骨盆和深层器官。随着呼气,它们变得柔软,不再紧张,更有空间。然后放松双腿,包括大腿、膝盖和小腿。双腿代表支持与信任，它们支撑我们站立、行走，带我们领略不同风景。现在，在内心感恩它们，用呼气释放它们的压力、紧张和疲劳；吸气时，想象双腿注入更多活力，变得轻松而有力。最后，扫描你的双脚，从脚踝、脚背到脚后跟、脚掌心和脚趾。完全放松它们。双脚虽然离大脑最远，但非常重要且易被忽视。用呼气释放它们的紧张与疲劳；吸气时，感觉能量涌入双脚，让你能够迈出更轻松、更笃定、更有力的步伐，走向内在指引和生命蓝图。

完成扫描后，全身应已放松。静静感受这种放松的能量。现在，听我数到5，慢慢回到现实环境中。1、2、3，动动脚趾和手指；4、5，慢慢睁开眼睛，适应光线。将双腿向前伸展，舒展身体，留意身体的感觉。接下来，我们将进行拉伸练习。

主题四　冥想放松、专注当下

选择一个舒适的坐姿，让身体慢慢地放松下来，轻轻地闭上眼睛，试着去放下那些占据你大脑的所有思绪，在接下来的时间里，你不需要做其他的任何事情，只需要将注意力集中于自己的呼吸上。现在尝试吸气时比上一次更深、更长，吸气时感受肺部在逐渐变得充盛，呼气时，一切都在慢慢收紧，现在让呼吸回到自然的节奏，不需要刻意控制，只接受和感受它。

我们将从提高意识和放松整个身体开始，感受每次吸气时，头顶的力量在向上牵引着，呼气时双腿放松和地面更加紧密地连接着，跟随着呼吸去观察你此刻的身体还有哪些地方是紧张的，通过呼吸，让它们逐渐放松下来，感受每次呼吸都带着能量，在你的身体中流动和成形。人在一天当中，脑海里会有无数个念头和想法经过，只是在忙碌的生活中来不及觉察它们，而冥想让我们的大脑和心灵有了一个单独相处的时间，可以切实察觉到脑海里浮现的任何想法、感受或是情绪。现在试着去想象一下，即将发生和已经发生的事情，那些令你微笑和感恩的事情可以很平常，可以是跟朋友愉快地吃了一顿晚餐，听到了一首喜欢的音乐，或是决定今晚早点睡觉，这样你就有时间看放在床底下很久的那本书了,在心里默默地对它表示感谢。当我们能够一次只专注一件事情时,会更容易感受到它带给你的美好和能量,全身心地享受自己拥有的每一个当下。继续保持这样放松美好的感觉,让它贯穿身体的每一个地方,帮助你带走肌肉中的紧张和不安,让额头和眉心慢慢地舒展,嘴角和下巴也不再紧绷,变得更加柔软放松。这时候将注意力放在鼻子以下、嘴唇以上的三角形区域,接下来的时间,观察每次呼吸,从这里进入离开的过程,如果你发现自己的意识游离了,也没有关系,不要急着去判断和排斥它,将这些想法想象成一朵云,当它出现时,你只需要去观察一下,然后将其释放,慢慢地再将注意力重新带回到呼吸上,现在将注意力慢慢地收回到所处的空间里,试着去感受一下周围的环境。

现在听我数到5,大家慢慢回到你所处的环境中来。1、2、3,动动你的脚趾手指,4、5,慢慢睁开眼睛,适应一下眼前的光线。现在将你的双腿往前放,舒展身体,留意一下身体的感觉。接下来,我们进行拉伸练习。

主题五 感受呼吸、全身放松

选择一个安静的环境,确保你有 10 分钟的时间不会被打扰。接下来,请跟随我的指引,通过正念冥想的练习,使身心得到放松,内心获得平和。

首先,选择一个让你舒适且稳定的坐姿,背部挺直并向上延展,双肩自然下沉,双手自然垂放在双膝之上。保持下巴微收,舌头轻轻触及上颚。现在,请轻轻闭上双眼,深吸一口气,然后缓缓吐出,感受肩膀和手臂的放松。再次深吸气,呼气时让肩膀和手臂的放松感更加深入。接下来,闭上双唇,用鼻子进行呼吸,尽量让呼吸变得缓慢而深长。感受吸气和呼气的过程,体会气流在鼻腔中的流动。现在,想象你的鼻尖下方有一束你最喜欢的鲜花,深深吸气,感受那芬芳的气息从鼻腔进入胸腔,再充盈下腹,仿佛小腹像气球一样被慢慢充盈起来。然后,缓缓地呼气,感受小腹慢慢向内收紧,体内的废气和浊气也随之经由胸腔、喉咙、鼻腔排出体外。现在，将一只手放在肚脐的位置，继续保持用鼻子呼吸。深吸气，感受气息从鼻腔进入胸腔和小腹，你下方的手掌正感受到小腹的向外扩张。然后，缓缓地呼气，感受腹部在一点点地向内收紧，同时肩膀、背部和手臂也逐渐放松下来。请继续保持这样的呼吸方式，根据自己的频率，感受一呼一吸之间胸腔和小腹的起伏变化。如果思绪开始游离，没有关系，只需要再次将注意力拉回到呼吸上，不要评判，也不要带有情绪。一次次游离，又一次次拉回来。现在，将手还原到膝盖上，依然保持用鼻子呼吸。接下来，我们将从下到上逐一放松身体的每一个部位。我说到哪里，你就观察到哪里并随之放松那个部位。放松你的脚趾、脚背、脚踝、膝盖、大腿的内侧、腹股沟以及臀部肌肉。深深地吸气，感受腹部的扩张，然后缓缓呼气，放松小腹和背部。再次吸气，感受胸廓的慢慢扩张，呼气时感受肋骨一点点向下收缩。再次吸气，呼气时感受肩膀和背部完全放松下来。现在，关注你的头部，观察头顶是否对准天花板。如果没有，请调整为中正向上的状态，让脖子放松。慢慢地关注整个面部，随着呼气放松双唇、脸颊和眼球，保持嘴角微笑。接下来，让放松的感觉来到手臂，依次放松大手臂、小手臂、手腕和手指头。现在，你的全身都已经放松了。感受这种放松的感觉，想象自己坐在樱花树下，四月的微风轻拂你的脸颊，有花瓣飘落在你的发丝、肩膀和手掌上。你静静地坐在那里，在一呼一吸之间感受大自然的美好。四月春光明媚，微风不燥，生命正在绚丽地绽放。此刻，你的内心无比平和，一种久违的平静感渗透到每一寸肌肤。保持这样的感受，再深呼吸5次。

现在我数到3，你慢慢地睁开眼睛。1、2、3，请睁开双眼，环顾四周，适应眼前的光线。将双腿伸直，拍打一下，然后双手交扣，向上大大地伸一个懒腰。再次深吸气，张嘴吐气，双臂解开放松下来。将右手撑地，左手向上，带动身体向右侧屈一次，然后交换对侧，感受侧腰的拉伸。现在，将双手搓热后，放于双眼处，放松一下眼球。再次搓热双手，轻抚脸颊，仿佛皮肤都变得更加光滑。最后，双手合十，大拇指轻触眉心，微微低头，怀着虔诚的心感恩生命赐予我们的一切。

主题六　直面恐惧、充满勇气

请大家选择舒适的坐姿坐于垫子上，腰背挺直。微收下巴，旋肩膀向后向下，双手自然放松地放在膝盖上方，再翻转掌心向上。食指拇指轻触，其余三指自然放松，结成智慧手印。眼睛由远而近缓慢地关闭，眉心向两边舒展开，面部肌肉放松。再深深地吸气，缓慢地吐气。现在慢慢将你们所有的感官向内收，关注身体的内在，跟随着呼吸，让你的身体保持稳定，大脑平静。慢慢地将所有的注意力都来到你的呼吸上，开始感受你的一吸一呼。

这个冥想可以帮助你释放身心的恐惧、担忧、紧绷，连接内在的勇气和力量，重建安全感，轻松活在当下。如果你已经准备好了，邀请你找到一个舒适的姿势坐下来，调整你的脊背，放松双肩。微微地闭上眼睛。先来做三组缓慢而深长的呼吸。想象随着每一次的呼气，释放身体中不必要的紧张。压力随着每一次的吸气，吸入新鲜的能量，注入到身体的每一个细胞中，然后恢复到自然的呼吸。现在去感受你的身体，找到恐惧、担忧、紧张、压力在身体的哪个位置，等你想到让你恐惧的场景、世界、人，身体哪里感觉最明显？找到这个位置后，可以将一只手放在这个位置。慢慢地呼吸，让手心的温暖滋养这个部位。允许身体通过流泪、打嗝、颤抖或者叫喊等方式，释放身体淤堵的能量。接纳、允许、软化、放松。请带着好奇、关怀、理解去陪伴此刻的自己。你可以拥抱自己，轻轻地拍一拍自己，就像安抚一个可爱的小婴儿一样。现在，邀请你慢慢地回到对呼吸的关注。想象每一次呼气，呼出身体的所有压力、害怕、担忧、恐惧，让它们全部离开你的身体。你可以大口地呼出气体，三次之后，把注意力放在吸气上，想象自己吸入满满的勇气力量，让这股能量充满你的全身，滋养你全身的每一个细胞，想象自己充满勇气、力量的形象。此刻，你感到非常安全，非常地舒适和放松，你全身充满了能量。最后做三次深呼吸，慢慢地睁开眼睛，嘴角上扬。

现在听我数到5,大家慢慢回到你所处的环境中来。1、2、3,动动你的脚趾手指,4、5,慢慢睁开眼睛,适应一下眼前的光线。现在将你的双腿往前放,舒展身体,留意一下身体的感觉。接下来,我们进行拉伸练习。

主题七　清理身体负能量

请找一个宁静的地方,让自己舒适地坐下来,或躺下也可,然后轻轻地闭上双眼,开始进行自然且深层的呼吸。吸气、呼气,非常好,请继续保持这种深层的呼吸,现在请跟随我的引导,将你的意识集中在眉心轮。

想象宇宙中有一束金色的能量之光,它带着宇宙最慈悲的爱,穿越一切阻碍,温柔地照射在我们身上。此刻,我们的整个身体都沐浴在这温暖而光明的能量之中。这束能量开始在我们体内流动,从头顶开始,穿透皮肤,逐渐修复我们每一个细胞。它扫过的地方,原本因压力、紧张而变得浑浊的细胞,开始变得透明而闪亮。所有的身体僵硬、酸胀,都随着这束金色能量之光的照耀,开始融化、消散。非常好。现在,这金色的能量从我们的顶轮流入体内,随着血液的流动,将那些刚刚被消融的负面能量和杂质带走。它流经我们的大脑、眼睛、耳朵、鼻子、嘴巴,穿过肩膀,流入手臂,进入每一根手指,又顺着掌心流回心脏,填满肺部的每一个细胞,然后回缩,顺着脊椎流过脾胃、肾脏,经由海底轮流入大腿、小腿、脚踝、脚掌,直至每一根脚趾。最后,它顺着脚掌流入大地深处。请继续保持深层的呼吸,感受这份能量的流动。接下来,我们要与自己的身体进行一次深入的对话。你可以小声地说出来,或者在心里默念:"我亲爱的身体,对不起,我以前没有好好关注到你,忽略了你这么久。谢谢你,一直支撑着我四处奔走、学习和工作。谢谢你,让我能够呼吸,让心脏跳动。对不起,我以前没有好好照顾你。请原谅我,我忘记了我们是一体的,现在才意识到你的重要性。谢谢你,从来没有放弃过我,让我此刻还能与你同在。对不起,过去的日子里,我一直以为你很坚强,直到今天才发现你原来这么疲惫，原来你也需要休息。谢谢你，让我明白了生命和灵魂都需要被足够的供养。"请继续保持深层的呼吸，让心中的情绪慢慢流淌。

现在，你可以慢慢地睁开眼睛，感受身体与心灵的合一。清理之后，你可能会感到想哭、打哈欠、打嗝、干呕或排气，这都是正常的反应，说明你的身体正在释放负能量。请顺从身体的感受，让它自然地发生。清理的练习是对身体能量的重要维护，你可以经常进行。记住，关爱自己的身体，就是关爱自己的灵魂。

主题八 尊重生命

请以舒适的姿态坐在垫子上，让脊柱自然地延展。微微收起下颌，放松双肩，让它们自然下沉。双手轻轻放在膝盖上，掌心朝上。拇指与食指轻轻相触，形成智慧手印，其余三指自然舒展。让目光缓缓从远处收回，轻轻闭上双眼，放松眉心的紧张感，面部肌肉也随之放松。进行三次深长的呼吸——吸气时，感受生命的活力充满全身，呼气时，释放所有的紧张与压力。现在，让我们将注意力转向内心，在身体稳定与心念平静的状态下，开始这段对生命本质的探索之旅。

呼吸，这一看似简单的生理现象，却是生命赋予我们最精致的礼物。今天，让我们一同深入思考"生命"这个永恒的命题。生命不仅是宝贵的奇迹，更是宇宙间最神圣的存在形式。现代科学界仍然面临三大未解之谜：138亿年前宇宙的诞生、38亿年前生命的起源，以及人类意识的产生。这些宇宙级的奥秘，至今仍超越人类认知的边界，现有的科学理论尚未能完全揭示其神秘。对每一个个体而言，生命是无可替代的珍贵礼物。在浩瀚的时空长河中，每个生命都是独一无二的奇迹——我们因无数偶然的巧合而诞生，却注定要面对有限的人生。这种"向死而生"的宿命感，反而让生命闪耀出耀眼的光芒。当你意识到，在这无垠的宇宙中，永远不会出现第二个相同的"你"，那么此刻你呼吸的每一个瞬间，都是永恒中的唯一。这种感悟可能会带来两种理解：要么觉得生命如朝露般短暂易逝，要么认识到它如钻石般珍贵无比。然而，无论哪种理解，珍惜这仅有一次的生命历程，都是最真实的人性体现。推己及人，每一个生命都同样值得被温柔对待。当我们目睹他人遭遇苦难时，请记住：他们所经历的，是永远无法重来的唯一人生。真正的生命尊重包含两个方面：对自我生命的珍视，与对他者生命的同情。前者是生物的本能，后者则是人性的光辉。孟子所言"恻隐之心"，正是区分人性与兽性的关键。这种对生命的敬畏与同情，是一切道德和文明的基石。当我们学会以一颗颤动的心去感受每一份生命的温度，便是触摸到了人类最崇高的精神境界。

现在，让我们带着这份感悟慢慢回归现实。指尖轻轻颤动，感受气流滑过手背的微凉。缓缓睁开双眼，让光线如晨露般温柔地洒满眼帘。在舒展身体的过程中，留意观察身体的每一个细微感受——这正是生命活力的美丽证明。接下来，我们进行拉伸练习。

主题九　敬畏生命

请大家选择舒适的坐姿坐于垫子上，腰背挺直。微收下巴，旋肩膀向后向下，双手自然放松地放在膝盖上方，再翻转掌心向上。食指拇指轻触，其余三指自然放松，结成智慧手印。眼睛由远而近缓慢地关闭。眉心向两边舒展开，面部肌肉放松。再深深地吸气，缓慢地吐气。现在慢慢将你们所有的感官向内收，关注身体的内在，跟随着呼吸，让你的身体保持稳定，大脑平静。慢慢地将所有的注意力都来到你的呼吸上，开始感受你的一吸一呼。

现在让我们进入到呼吸练习。在腹部鼓起的情况下，继续吸气使得气体充满胸部区域的下半部分，而后充满你的胸部的上半部分，尽量让胸部吸满空气而扩张到最大的程度，此时双肩可能稍稍升起，胸部也将扩张，此时腹部将会向内紧收。上节课我们聊到了生命的价值，现在我们继续来探讨生命。生命，是宇宙间的奇迹；是石头下破土的小草，顽强而坚韧；是一叶露珠，短暂而脆弱，任何一点微风，都有可能让它残缺不全。万物有灵，每一种生命都有生存的权利。因为敬畏，我们才会倍加珍惜。以一颗良善之心，敬畏每一个生命，从内心里产生万物同源的亲近感，人类世界才能和谐共生。择善而行，是对生命的尊重和热爱，也是人一生最高的修为境界。因为敬畏，脆弱的生命才得以在世界里繁衍生息；因为善良，生命才显得平凡而高贵。无论身处什么位置，我们都要学会敬畏生命。敬畏生命，就是善待自己。想要被人爱，请先学会爱人。若想人生之路越走越宽，先让三分与人行。赠人玫瑰，手留余香。天地之间和为贵，万物之间善为美。你所付出的，终有一天会有回报。敬畏每一个鲜活的生命，即是善待自己。敬畏生命，对一切生灵而言就是万物和谐共处的基础。敬畏生命，就是尊重他人，从而得到他人的善待。敬畏生命，对自己而言就是求得善果，成就自己。只有敬畏生命的人，才有一颗怜惜之心，懂得每一个人的不容易。只有敬畏生命的人，方可尊重每一个生命，才能修出宽容之心。只有敬畏生命的人，才能学着丰富自己的情商，不伤他人心。只有懂得敬畏生命，才能提高自己的层次，让自己变得更优秀。敬畏生命，是每个人一生的修炼，也是自我的提升。

现在将你的意识慢慢收回，松开双手放落回双膝，慢慢地睁开双眼，适应一下眼前明亮的光线。现在将你的双腿往前放，舒展身体，留意一下身体的感觉。接下来，我们进行拉伸练习。

主题十 允许一切发生

选择一个舒适的坐姿，让身体慢慢地放松下来，后背尽量不要靠着任何物体，双手自然地落在腿上，脚趾向下。轻轻地闭上眼睛，调整一下身体，脊柱直立，保持中正，肩膀下沉，手脚不用力，额头松开。按照自己的节奏做几次深呼吸，随着每一次呼气，让身体更加放松，往下沉，感觉到臀部与坐垫的接触，身体被稳稳地衬托着，自然地呼吸。

允许每一个念头的出现，任它存在，任它消失，我们会发现念头本无意义，它该来会来，该走会走。允许每一种情绪的身体任其存在，任其穿过，我们会发现情绪本无好坏，越是抗拒越是强烈。就像此时，我们在静坐，我们不允许头脑中出现别的念头、想法，结果我们却一直处于分心的状态，不能专注在工作中，我们不允许自己犯错，结果我们犯错的次数反而增加了。我们会发现，当我们不允许一件事情发生时，这件事情反而会更容易发生，我们不允许事情不按照自己想象中的样子出现，我们不允许自己失控、脆弱、不完美，结果我们不断地伤害自己，陷入越来越多的痛苦中无法逃脱。可是，如果我们试着允许一切按它本来的样貌呈现，那又会如何呢？当允许当下的自己不完美，我们会发现，在每一个当下，我们都呈现着此刻最好的状态。当我不再抗拒如其所是的事物呈现自己的原貌，我们会发现，我们是为了生命在当下的体验而来。在每一个当下，我们唯一要做的就是全然允许。嗯，现在我想邀请你和我一起尝试一个练习，让我把允许这枚种子种进自己的心里，把注意力带回到身体。从头顶到脚趾进行一次快速的身体扫描。领受当下身体的状态，此刻身体是轻松的还是疲惫的？是舒服的还是不舒服？你并不需要做什么，只是全然感受身体呈现的感觉，保持对身体的觉知，与身体建立连接。此刻注意力还在身体上吗？有没有别的念头带跑？如果觉察到自己走神了，就温和地把注意力带回到身体。觉察一下此刻身体有没有哪里是不舒服的或者紧绷的。如果你觉察到某些部位不舒服，试一试，不要做任何反应，只是单纯地知道，不带有任何想要改变或者消除这个不舒服的想法。允许它的存在，接受它的存在，这就是当下的经验，接受它在这个当下的呈现，允许它的发生，甚至呼吸能量带到那里，温柔地让它待一会儿。注意力慢慢地带回到身体，自然地呼吸。觉察自己身心的状态。请记得，我们是为了生命在当下的体验而来，在每个当下，我们唯一要做的就是全然地允许，全然地开放，全然地经历。愿你心里始终有光。

现在听我数到5，大家慢慢回到你所处的环境中来。1、2、3，动动你的脚趾手指，4、5，慢慢睁开眼睛，适应一下眼前的光线。现在将你的双腿往前放，舒展身体，留意一下身体的感觉。接下来，我们进行拉伸练习。

主题十一　感恩生命

请将手机和其他电子设备暂时置于一旁，选择一个舒适的坐姿，让自己的身体完全放松，为接下来的冥想做好准备。

请轻轻闭上双眼，深呼吸数次。感受空气缓缓流入体内，每一次呼吸都带走身体的紧张与疲惫，让心灵逐渐沉浸于平静之中。现在，让我们共同感恩生命，感恩每一次呼吸的恩赐，每一次心脏的跳动，每一寸肌肤的温暖，每一个细胞的活力。我们要感谢生命中的每一个人，每一件事，每一次经历。那些陪伴我们走过风风雨雨的人，他们的笑容、鼓励与支持，是我们前行的动力；那些给予我们快乐和幸福的事物，它们如同生活中的调色板，让生命变得五彩斑斓；而那些曾经让我们受挫和失败的经历，它们教会我们坚韧与成长，让我们在风雨中更加挺拔。现在，请想象自己站在一片宁静的湖畔。湖水波光粼粼，微风轻轻拂过面颊，带来丝丝凉意。湖畔上散落着各种小花，它们竞相开放，散发出淡淡的花香，让人心旷神怡。在这片宁静中，我们感受到大自然的恩赐，也感受到内心的平静与和谐。将注意力集中在心脏上，感受它每一次有力的跳动。每一次跳动都是生命的礼赞，都充满了无尽的感恩。这份感恩随着每一次呼吸扩散至全身，让我们感受到生命的活力与美好。现在，将注意力转移到呼吸上。感受氧气在体内流动，滋养着每一个细胞。每一次呼吸都带来感恩与平静，让我们的心灵得到净化与升华。我们感恩呼吸带来的满足，更感恩它带给我们的内心安宁。让我们深深感受生命的存在，珍惜每一个机会和每一份经历。感谢生命赋予我们的一切，感谢生命赐予我们的无尽可能。我们要感恩身体的健康与力量，感恩它带给我们的欢乐与满足。每一寸肌肤、每一个器官都在默默付出，让我们能够尽情体验这个世界的精彩。同时，我们也要感恩心灵的丰富与深邃。它充满了爱与勇气，为我们带来温暖与希望。每一份情感、每一个思想都是心灵的馈赠，它们引领着我们不断前行，探索未知的世界。此外，我们还要感恩所拥有的一切。感恩家人的陪伴与关爱，感恩朋友的支持与理解，感恩同事的合作与帮助。他们的存在让我们的生活更加丰富多彩，也让我们的人生之路更加宽广。最后，让我们感恩这个美丽而神奇的世界。它充满了奇迹与惊喜，等待着我们去发现与创造。感恩我们生活在这个世界上的每一天，感恩我们所遇到的每一个人和每一件事。这些都是我们生命中的宝贵财富，让我们变得更加成熟与坚强。感恩生命，感恩这个美丽而多彩的世界。

现在听我数到 5，大家慢慢回到你所处的环境中来。睁开眼睛，将视线放远，让我们保持感恩的心态，用爱与善意去拥抱生命的一切。带着内心的平静与和谐，去迎接新的一天，去创造更加美好的未来。

主题十二　正视自己

选择一个舒适的坐姿，让身体慢慢地放松下来，后背尽量不要靠着任何物体。双手自然地落在腿上，脚心向下。轻轻地闭上眼睛，调整一下身体，脊柱直立，保持中正，肩膀下沉，手脚不用力，额头松开，按照自己的节奏做几次深呼吸，随着每一次呼气，让身体更加放松，往下沉，感觉到坐垫与臀部的接触，身体被稳稳地衬托着，自然地呼吸。

此时此刻，当闭上双眼坐在这里，是否能看见真实的自己。今天想和你分享，当我愿意看见自己时，当我真的愿意看见自己时，我可能还会痛，但已经不再抱怨，我深知这痛只因遇见真实的自己，曾经那个不懂爱的自己，透过痛，生命正在穿越和成长，这个痛跟任何其他人无关。我接纳并祝福生命里经过的每一个人。如果真的曾经相遇，无论是怎样的形式，必定都是一份礼物，一次恩典。当我真的愿意看见自己时，我可能还有伤，但我已不再盼人来疗伤，我深知通过深入生命的实相，我自己能够疗愈一切的伤口。我不再索取别人的爱，当我能够疗愈自己，爱从我心里流出来，我知道总会有一天，我也会成为爱本身，每一个经过我的人都能够闻到慈悲的芬芳。当我真的愿意看见自己时，我可能还有梦，但已放下所有的评判。我看到一切人和事都只为成就我而来，一切的发生都是最好的安排，淬炼的生命才有品质的芬芳，那些伤害过我的人，不过是在加持我的成长。我决定从现在开始，除了我允许，没有人能够伤害我自己。当我真正愿意看见自己时，我或许还会有期待，但已放下所有的执着、因果法则，公平对待每一个人，我就在因里，种因、无须问果。我看到我正在学习真正不自私地爱自己，在通往自己的路上，我发现已全然接纳一切的不完美。当我真正愿意看见自己时，我或许还有未知，我愿意继续了解和发现未知的自己，不断与真实相遇。我知道通过真正了解自己，我会真正了解生命，了解宇宙的奥秘。人生就是一场与未知的自己不断相遇的旅程，接下来的寂寞时间是完全属于你的时间，按照自己的节奏自然地呼吸，什么也不用做，哪也不用去，就这样和自己呆在一起。把注意力慢慢地带回到身体，自然地呼吸，觉察此时身心的状态。

微微移动手指脚趾，双手搓热，在眼睛上捂一会儿。现在听我数到5，大家慢慢回到你所处的环境中来。1、2、3，动动你的脚趾手指，4、5，慢慢睁开眼睛，适应一下眼前的光线。现在将你的双腿往前放，舒展身体，留意一下身体的感觉。接下来，我们进行拉伸练习。

主题十三　欣赏自己，建立自信

选择一个舒适的坐姿，让身体慢慢地放松下来，后背尽量不要靠着任何物体，双手自然地落在腿上，掌心向下。轻轻地闭上眼睛，调整一下身体，脊柱直立，保持中正。肩膀下沉，手脚不用力，额头松开，按照自己的节奏做几次深呼吸，随着每一次呼气，让身体更加放松。往下沉，感觉到坐垫与臀部的接触，身体被稳稳地衬托着自然的呼吸。

在开始今天的练习前，让我们先试想这样一个场景，此时你正看着镜子里的自己，你真诚地对自己说："我是这样一个人，真好！"想想看，你会这样对自己说吗？镜子里的自己是一个你所欣赏的人吗？其实欣赏自己对我们而言有时并不是那么容易。欣赏自己并不是以自我为中心的傲慢自大，而是真正发自内心的认同，认同自己的生命。把双手轻轻放在心口的位置，或者采用其他让你感觉自然舒服的触摸方式，对自己表达支持、善意，自然地呼吸。现在请想一下，你有哪三个品质是自己欣赏的?看看此时能否敞开心扉,找到内心深处让自己真正喜欢和欣赏的品质。如果一下子找不到也没有关系,不要着急,慢慢地感受,请对自己保持真诚和开放。现在请想一想这些积极的品质,一个接一个地想,每想到一个都在心中向自己点点头,表示认同,我是这样一个人,真好。想到这些品质时,留意每一个身体的感觉,留意每一个念头的出现。无论产生了什么样的感受,舒服的或不很舒服的都没有关系,为这种感受弹出空间,允许此时这些感受的存在。现在想一想,有没有谁帮助你养成了这些品质?也许是父母、朋友、老师,甚至是你的孩子、某本书的作者、某个偶然遇见的人,都曾对你产生了积极的影响。想想每一个曾经带给你积极影响的人,向他们表达你发自内心的感恩和欣赏。觉察一下此时身体的感觉,是平静的还是紧绷的、舒服的还是不安的。如果需要,再送给自己几个深呼吸,随着每一次呼气,让自己感觉更加放松,身体往下沉,沉向大地。此时此刻,允许自己品味、领受这些对于自己的肯定和欣赏,让这些积极的感受真正进入心里。记住,你的确具有这些品质,告诉自己,我是这样一个人,真好。把注意力慢慢地带回到身体,自然地呼吸,觉察此时身心的状态。四周的声音,微微移动,手指脚趾。双手搓热,在眼睛上捂一会儿,搓搓脸,顺着头皮从前往后梳理几下,轻轻地拍到头顶,我们懂得欣赏自己,允许自己,我们就为自己打开了一扇门,这扇门将通往更加丰盈、更加真实的生命,你心里始终有光啊。

现在听我数到5,大家慢慢回到你所处的环境中来。1、2、3,动动你的脚趾手指,4、5,慢慢睁开眼睛,适应一下眼前的光线。现在将你的双腿往前放,舒展身体,留意一下身体的感觉。接下来,我们进行拉伸练习。

主题十四　好好与自己相处

接下来的时间,你可以允许自己放慢脚步,什么都不做。将所有注意力放回自身,更好地观察和感受自己。通过持续练习,你将更清晰地看到自己,更深入地了解自己。现在,让我们一起亲身体验这段时间，好好地与自己相处。

　　找一个安静不受打扰的地方，选择舒适放松的姿势，可以盘坐、端坐或躺下，保持脊背挺直，双手轻松放在腿上或双膝上。现在，缓慢闭上眼睛，先做几次深长的呼吸。用鼻子深吸气，感受气息进入胸腔和腹部，感受胸部扩张、腹部起伏。呼气时，用嘴巴缓缓吐气，想象废气随呼气排出体外。继续深吸，感受身体充盈，呼气时感受身体放松。再次深吸，用嘴巴呼气，默念平静和自在。给自己时间，让身心慢慢平静，让放松和专注成为快乐的种子。相信随着时间和练习，这种快乐会慢慢生长。练习过程中，若有念头冒出，把它们视作云朵，轻轻观看直至消失。冥想不是不思考，而是意识到自己的思绪，并温和地将注意力拉回呼吸。最后，深深吸气，用嘴巴呼气，让呼吸恢复正常。现在开始用鼻子呼吸，让气息自然流动。吸气时，感受腹部微微隆起，呼气时缓慢排气。感受腹部随呼吸缓慢起伏，身体逐渐平稳、平和、放松。每次呼吸都让身体有意识地放松，放松额头、嘴巴、脖颈、肩膀、背部和臀部。感受身体与地面的接触，感知身体的重心，感受身体的重量，完全专注，完全放松。如果有不舒服的感觉，温和地将注意力放在那里，直到感受到放松。当意识清晰地了解身体时，我们可以与任何感受共处，全然接纳时，病痛和不适可能会逐渐消失。若感受到不适或念头升起，温柔地将注意力和呼吸引回身体，慢慢地唤醒自己。

　　此刻，我拥有一切。我拥有放松的身体，专注的大脑，平静的感觉，快乐、梦想、希望和害怕。我爱自己，友善地对待自己的每一部分。我有勇气解决困难，发现更多自己。深深吸气，将美好的意念通过呼吸注入身体，感受温暖的能量流动。你可以慢慢唤醒自己，也可以留在这美好的感受中。逐渐睁开眼睛，带着美好的感受投入生活。

主题十五　接纳自己

　　选择一个舒适的坐姿，让身体慢慢地放松下来，轻轻地闭上眼睛，试着去放下那些占据在你大脑中的所有思绪，在接下来的时间里，你不需要做其他任何事情，只需要将注意力集中于自己，继续自然地呼吸。现在尝试吸气时比上一次更深、更长，吸气时感受肺部在逐渐变得充盛，呼气时，一切都在慢慢地收紧，现在让呼吸回到自然的节奏，不需要刻意控制，只接受和感受它。

当你准备好了，请跟我重复。每一天，每一个方面，我都在变得越来越好，每一天我都更加确信自己是谁，我无条件地接纳完整的自己。我深深地拥抱和爱当下的自己，我爱原原本本的自己，我接受我所有的情感，我值得无条件的爱，我是自己生活的主宰，我具备一切条件来享受当下这个时刻。我所需要的一切正在轻松自然地走进我的生活，我的生活全然完美，如花盛开。此刻，我感到内心的平和与宁静；此刻，我感到自己心中充满力量；此刻，我无条件地诚实地看到自己；此刻，我对自己充满了喜悦、平和。我欣赏我自己，我重视我自己，我值得拥有最美好的一切，所有人都珍惜我，我珍惜我自己，我接受每一个当下的自己。我很感恩，我很优雅，我很满足。我感到安全。我感觉很自信。我完完全全地美好，我爱我自己，我爱每个人。每个人都爱我。我爱所有的人。我尊重我的身体。我很自信，我很美丽，我很棒，我完完全全地美好。此刻，我选择相信自己的心和直觉，我深深地感谢我所拥有的一切，我感谢并深爱着我的身体。我选择放下自我限制，我选择放下恐惧、怀疑与评判，我选择在此刻改写我的人生。我选择用爱的态度过好每一天，我越多地爱自己，就能吸引更多的爱，我允许自己发光发亮，我是独一无二的存在，我是独一无二的使命与天赋，我内心的智慧正指引着我。我是自己生活的创造者，创造性的思维和灵感每一天都出现在我的脑海里，我正在按照自己想要的样子创造我的生活，我是创造性能量的通道。我心中有无限的潜能与智慧，我的身心充满了活力与创造力，我身体里的每一个细胞都充满了智慧，我的身心具备自我疗愈的能量，我的生命充满无限的可能性。

现在听我数到5，大家慢慢回到你所处的环境中来。1、2、3，动动你的脚趾手指，4、5，慢慢睁开眼睛，适应一下眼前的光线。现在将你的双腿往前放，舒展身体，留意一下身体的感觉。接下来，我们进行拉伸练习。

主题十六 珍视自己

你是重要的，你是珍贵的，别人对你或者你对自己说过这样的话吗？今天的这场冥想将提醒你，一切都在你的手中，你值得拥有充实、幸福、圆满的人生，学会将注意力留给自己，无需与别人或者你想象中别人的生活来作比较，你可以选择成为真实的自己。

首先我们要做的是接受自己，珍爱自己。找到一个舒适的坐姿，或者仰卧下来，双手放在膝盖或身体两侧，闭上双眼，从此刻开始关注你的呼吸，让你的呼吸深长、均匀而又缓慢，逐渐进入冥想的状态。通过鼻腔深深地吸气，嘴巴微张长长地呼出，再次通过鼻腔吸气，张嘴呼出，最后一次吸气呼出，你不需要刻意去调整呼吸的节奏，也不需要去控制它，只需要单纯地去感受它，让呼吸自然流动。吸气时感受气体从鼻腔温柔流入，呼气时再从鼻腔缓慢流出。如果在这个过程中注意到杂念的产生，不用抗拒，让注意力重新回到呼吸。深长地吸气，缓慢地呼出，此时此地可以做自己，允许各种情绪以及想法出现，它们是我们身心的一部分，试着观察并与之相处。接下来请随我在心中默念以下语句："我是珍贵的，我值得被爱，我值得拥有幸福，我接受并珍惜我现在的样子，我支持自己以及自己的需求，我给予自己的愿望以及梦想所需要的关注，我的天分与优点得到充分发挥。我懂得拒绝，我自信，知道我的价值，我的决定发自爱，而非恐惧。我珍惜并尊重自己，我允许自己产生各种感受，我所有的感受都是合理的，我拥有温暖以及深度的亲密关系，我处于充满爱和珍视的环境，我懂得表达生命的喜悦，我愿意与我周围的人分享这份喜悦，我珍视并赞美在我生命中出现的那些人，他们也同样珍视我。我是上天的礼物，我是恩赐，我是奇迹，我独一无二，我值得拥有成功与幸福。我吸引生命中美好的事物向我靠近，我发自内心地去爱去感受，我接受并爱自己现在的样子。"

我是珍贵的，现在请深深地吸气，张嘴呼出。当你准备好，请睁开双眼，双手合十来到胸前，在这里送给自己一个最美的微笑。

主题十七　爱自己、爱他人

接下来，请找到一个让你感到安全舒适的地方，尽量不要被打扰。让你的双脚自然平放在地面上，既不紧张也不僵硬。闭上眼睛，我们开始今天的冥想。

让我们先做三次深长的呼吸，用鼻子吸气，用嘴巴呼气。深深地吸气，缓缓地呼气。现在将你的呼吸调整为自然的节奏。当你在呼吸中放松下来之后，花一点时间去慢慢感受那些你爱别人的情景。你还记得当你爱别人的时候是怎样的吗？如果此刻很难回忆起爱别人的场景，也可以去想象一下那些处于苦难中的人们，比如老人或者小孩，感受那种他人的基本善意和关怀。现在慢慢地感受自己是如何爱别人的，让那种温暖自然地流露出来。看看当你爱别人的时候，如果对方不够优秀、不够好看，存在各种缺点，当他们犯错时，你会苛求他们、批评他们吗？当你爱别人的时候，如果你所爱的人遇到挫折、情绪低落，你会落井下石、指责他们不够坚强、强迫他们振作起来吗？当你爱别人的时候，你会在心里希望他们快乐吗？你会为了他们的幸福而付出吗？现在让我们放下这些答案，深呼吸，慢慢地将注意力拉回到自己的身上。我们都有各种各样的缺点，会粗心犯错，会懒惰、贪婪，不能优秀地让所有人都满意。那么当你不是完美的时候，当你犯错的时候，你会选择像宽容别人一样宽容自己吗？我们生活在真实的世界里，会遇到各种各样的困难和挫折。当你感到脆弱低落的时候，你会像安慰别人一样安慰自己吗？现在慢慢地释放对自己的爱，不用向外索求，这份爱存在于我们的内心。不用变成另外的样子，让我们接受现在的自己。让自己的样子出现在脑海里，就像在脑海里见到现在的自己一样。曾经的你是如何爱别人？就像爱别人一样爱自己，让那种爱也来到自己的身上。想象那种爱温暖地环绕着自己，拥抱着自己。如果你愿意的话，你可以带着这份慢慢的爱、真诚的祝福继续在脑海里想象自己的模样。就像地球上所有的生命一样，我们都渴望得到幸福。现在把你的手放在贴近心脏的位置,然后在内心默念"愿我平安,愿我健康,愿我快乐"。慢慢地来,很好。你还可以继续在内心里祝福自己,慢慢地放下手,在安静的氛围中停留一会儿,感受来自内心深处的爱,感受它的真实。

然后,请让你的心灵随心所欲地活动一会儿,然后我们再来做一次深呼吸。深深地吸气,缓缓地呼气,慢慢地动动你的手指和脚趾,睁开你的眼睛。最后环顾一下四周,感受一下内在和外在是否有什么变化。

主题十八 自我肯定

今天的冥想练习,我们将聚焦于自我肯定的力量,引导你逐步消除内心的束缚,从而活出一个更加精彩、更加有力量的人生。请你选择一个让自己感到舒适和自在的姿势,无论是静静地坐着还是轻松地躺着,都请让自己完全放松下来。

现在,请你慢慢地闭上眼睛,感受自己的呼吸,与周围的世界暂时分离。我们将一起做三次深呼吸,每一次吸气时,想象自己正在吸入新鲜的能量和活力;每一次呼气时,则将内心的紧张和压力完全释放出来。随着呼吸的深入,你会感觉到自己的身体逐渐变得轻盈,内心也逐渐平静下来。接下来,你将听到一系列自我肯定的句子。这些句子充满了力量和智慧,它们将帮助你建立自信,消除内心的疑虑和恐惧。请你放下心中的顾虑和怀疑,全心全意地接纳和信任这些话语。它们将如同明灯一样,照亮你前行的道路,为你带来无尽的能量和滋养。现在,请你在心里和我一起重复这些自我肯定的句子:"每一天,我都在不断地成长和进步,变得越来越好。我越来越确信自己的价值和能力,知道自己是谁,要去哪里。我无条件地接纳完整的自己,包括我的优点和不足。我深深地拥抱和爱着当下的自己,欣赏自己的独特之处。我值得无条件的爱和尊重,我是自己生活的主宰,我充满着活力和自信。我拥有焕然一新的能量状态,我的生活充满了美好和喜悦。我所需要的一切都在轻松地走进我的生活,一切都在按照最好的方式发生。此刻，我的内心充满了宁静和力量，我能够勇敢地面对任何挑战和困难。我无条件地接受真实的自己，相信自己的直觉和智慧。我深深地感谢我所拥有的一切，珍惜每一个当下。在我的生活中，我选择用爱的态度去面对每一天，去爱自己，也去爱他人。当我更多地爱自己时，我能够吸引更多的爱和温暖。我允许自己发光发热，展现自己的才华和魅力。我所有负面的自我评判都已经消失无踪，取而代之的是自由、喜悦和完满。我正在按照自己想要的样子创造着自己的生活，我值得拥有我所渴望的一切。"这些肯定句如同种子一般，在你心中生根发芽，慢慢开花结果。它们将帮助你建立坚实的自信基础，让你更加勇敢地面对生活的挑战和机遇。你将不再被过去的阴影所束缚，也不再担心未来的不确定性。你将活在当下，享受每一个美好的瞬间。记住，你是独一无二的，你拥有无限的潜力和可能。只要你相信自己，勇敢地追求自己的梦想，你一定能够创造出属于你自己的精彩人生。在未来的日子里，愿你继续保持这份自我肯定的力量，活出自己的精彩。无论你遇到什么困难和挑战，都请相信自己的能力和智慧。当你感到迷茫或疲惫时，就请回想起这些肯定句，它们将为你带来力量和勇气。此外，我想提醒你的是，自我肯定并非一蹴而就的过程，它需要我们在日常生活中不断练习和强化。你可以将这些肯定句写在便签上，贴在显眼的地方，时刻提醒自己。你也可以在每天的开始和结束时，花几分钟时间进行简短的冥想，重复这些肯定句，让自己保持积极的心态和自信的状态。同时，不要忘记与他人分享你的自我肯定经验。当你与他人分享时，你不仅能够传递正能量，还能够从他们的反馈中获得更多的启示和鼓励。在相互支持和鼓励的氛围中，我们共同成长、共同进步。最后，我想说的是，自我肯定的力量是无穷的。它能够帮助我们克服内心的恐惧和不安，让我们勇敢地面对生活的挑战和机遇。只要你相信自己、肯定自己，你就能够活出一个精彩、充实的人生。愿你在未来的日子里，不断发掘自己的潜力，实现自己的梦想，活出一个充满阳光和希望的精彩人生。

现在，请听我数到5，然后慢慢地回到现实世界中。1、2、3，轻轻动一动你的脚趾和手指，感受身体的活力和灵动。4、5，慢慢睁开眼睛，适应一下眼前的光线。现在，将你的双腿向前伸展，舒展身体，感受每一个细胞的活力和喜悦。

主题十九　探索自我

请先找一个安静的地方，关掉手机和电子设备，放松身体，准备开始冥想。闭上眼睛，深呼吸数次，感受空气流入体内，感受身体逐渐放松。在这个安静的环境中，你将有机会与自己内在的声音对话，深入探索自我，体验内心的宁静与力量。

现在，让我们进入一个安静而祥和的空间，让自己的思维随着呼吸而缓缓平静下来，将内心的杂念逐渐抛开。闭上眼睛，让身体逐渐放松，开始专注于呼吸的节奏。慢慢地，你会感受到身心的放松和宁静，进入到一种全新的境界中。在这个冥想的旅程中，让我们深入感知自己的内在世界。放慢自己的呼吸，开始关注内在的感觉，内省自己的情感和思维。让我们逐渐深入内心的核心，探索自己真正的本质和目的。在这个过程中，你将与自己的灵魂进行对话，感受到内在智慧和力量的涌现。现在，请让自己思考，你是谁？你来自哪里？你的人生意义是什么？让自己的思想慢慢地逐渐清晰起来，将内在的声音逐渐放大。让我们在内心深处探索自己，了解自己的内在需求和欲望。你是否感受到内在的平静与和谐？是否能够找到自己的使命和目标？尝试与自己的内在智慧建立联系，听从内心的指引。请注意感受自己内在的情感和感觉，不要拒绝或评判，只是接受它们。你是否能够感受到身体各个部位的感觉？它们传达了什么信息？尝试与自己的身体建立更深层次的连接，倾听它们的需求和呼唤。现在，请将自己的思想带回到过去的某一个时刻，那个时刻，你正在经历着某种情绪或事件。请回忆起当时的情景、感受和情绪。请深入思考，为什么当时会有那样的感受？是什么因素导致了你当时的情绪？尝试接纳过去的经历，并从中学习。让我们在内心深处释放过去的伤痛和困扰，让内心重新焕发出活力和力量。让我们接下来，将思想带回到现在。请问你现在的内在状态是怎样的？你是否拥有一份内心的平和与和谐？是否需要做出一些改变来满足自己的内在需求？尝试探索你当前的情绪和心境，寻找内在平静的来源，并思考如何在日常生活中实践。让我们在内心深处寻找答案，以实现内在和谐与平衡。

最后，请让自己在这个空间里，放松身体，感受内心的和谐与平静。回到现实生活中，保持这份内在的平和与和谐，继续自我探索的旅程。慢慢地，张开眼睛，开始新的一天，带着对自己的理解和接纳，面对未来的挑战。让我们在每一天中都保持内心的平静和清晰，与自己的内在智慧相连，过上充实而有意义的生活。

主题二十　成为更勇敢的自己

选择一个舒适的坐姿，放松下来，后背尽量不要靠着任何物体，双手自然地落在腿上，掌心向下。轻轻地闭上眼睛，调整一下身体，脊柱直立，保持中正，肩膀下沉，额头松开，按照自己的节奏做几次深呼吸，随着每一次呼气，让身体更加放松，往下沉，感觉到坐垫与臀部的接触，身体被稳稳地衬托着。

今天想邀请你和我一起尝试一次观想，这个练习可以帮助我们提升面对挫折和困难时抗压的能力。现在把注意力带到呼吸上，自然地呼吸，感受整个呼吸的过程，感受整个吸气过程，感受整个呼气的过程，感受吸气与呼气中间短暂的停顿，不需要去控制呼吸，让呼吸自然地进行，只是轻轻地跟随着呼吸。现在让我们试着回想一件让我们感到挫折的事情，充分地感受当时经历挫折的感觉，也许是目标没有达成，也许是让自己和他人感到失望，让身心回到那个情境之中。领受这个挫折事件带给身心的情绪，觉察这个情绪带给身体的感受。试着用温柔与友爱的态度去体验所有的情绪，以及情绪带来的身体感受，允许一切情绪到来，允许一切情绪停留，允许一切情绪离开，允许一切身体感知到来，允许一切身体感知停留，允许一切身体感知离开。现在做一次快速的身体扫描，看看身体哪些部位有紧张的感觉。如果有的话，伴随着呼吸，尝试放松这些部位。下面试着回想一件自己曾经经历过的成功事件，感受那个成功的经历带给身心的感觉，有可能是超越了目标，有可能是得到了他人的赞扬，让身心回到那个情景，充分领受这个成功带来的情绪和身体的感受。去体验所有的情绪，以及这些情绪带来的身体感觉，允许一切情绪到来，允许一切情绪停留，允许一切情绪离开，允许一切身体感觉到来。允许一切身体感觉停留，允许一切身体感觉离开。下一次，当你面对挫折事件带来的情绪，尝试带着友善与温柔的心回到呼吸，然后静静觉察身体的变化，带着观察者的态度，只是静观，观察身体里一切的发生，允许心念里一切情绪的发生，我们的抗压力就会不知不觉地提升，注意力慢慢地带回到身体，自然地呼吸，觉察此时身心的状态。让花谢的是风雨，让花开的也是风雨，如果没有风雨，花不会开，也不会落。愿你一切安好，心里始终有光啊。

现在听我数到5，大家慢慢回到你所处的环境中来。1、2、3，动动你的脚趾手指，4、5，慢慢睁开眼睛，适应一下眼前的光线。现在将你的双腿往前放，舒展身体，留意一下身体的感觉。接下来，我们进行拉伸练习。

主题二十一　脚踏实地、梦想成真

选择一个舒适的坐姿，让身体慢慢地放松下来，轻轻地闭上眼睛，试着放下那些占据在你大脑中的所有思绪，在接下来的时间里，你不需要做其他任何事情，只需要将注意力集中于自己的呼吸上。继续自然地呼吸，现在尝试吸气时比上一次更深、更长，吸气时感受肺部在逐渐变得充盛，呼气时一切都在慢慢收紧，现在让呼吸回到自然的节奏，不需要刻意控制，只接受和感受它。

如果你的内心有一个一直想要实现的愿望，我的引导可以帮助你实现它。请你找到一个安静舒适的地方，闭上眼睛，保持深长的呼吸，允许你的头脑和身体完全放松下来，想象有一道万丈的光芒在你的头顶上方，感受你的头脑充满了积极的能量，你看到并感觉到这道光沿着你的脊柱慢慢流淌下来，变得更加地充盈饱满，从你的胸口溢出来，再向外界扩散开。我们头脑里的想法会成为能量的磁场，传递给宇宙，影响你周围的人和环境，而这种能量会自然匹配到同频率的能量，并回到你的身边。无论你想要的是什么，它会带着爱回到你的身边，你无需等待，它已经在悄然发生了，就在此刻，专注在你想要的东西上，你看到它实现啦，感受下实现它后的感觉。现在我想让你在头脑里释放掉你的想法，接受来自你内在更自我的信息，它是和宇宙连为一体的。去问问它，我应该做些什么，可以帮助我想要的来到我的身边。宇宙知道你想要的是什么，允许你自己对所有的可能性全然打开。你的愿望已经成立了，因为你现在处于一个清晰的、无限制的、不抗拒的头脑状态，没有任何的困难、阻力、怀疑和担心，却允许你希望实现的被吸引到你的生命。记住我接下来说的这些话，我在寻找的，也在寻找着我，我会释放掉它怎样来到我的身边，我的更高自我知道怎样去实现它。我只要放轻松，所有的愿望所需要的一切正在带着爱流向我，我接受这一切，并心怀这感情，慢慢地睁开眼睛，观察一下你周围的环境，直到你已经实现了你的愿望。

现在听我数到5，大家慢慢回到你所处的环境中来。1、2、3，动动你的脚趾手指，4、5，慢慢睁开眼睛，适应一下眼前的光线。现在将你的双腿往前放，舒展身体，留意一下身体的感觉。接下来，我们进行拉伸练习。

主题二十二　拥抱健康、疗愈身体

请大家选择舒适的坐姿，确保你的坐骨坐实在地面上，保持背部延展向上，双肩自然放松下沉，双手成智慧手印放在双膝之上。保持头顶心中正向上，下巴微收，舌头轻触上颚，嘴角上扬，眉心舒展，给自己一个会心的微笑，闭上眼睛调整呼吸。

现在请断开与外界的连接，将关注点向内走，用心感受你的腿部、臀部、腰部，背部，再将关注点移到鼻尖，感受气息的流动，先深吸一口气，感受气息一点点从鼻腔进入到喉咙，充盈胸腔，再进入小腹，小腹在每次吸气时向外隆起，吐气时向内收找向下腰背。保持鼻吸鼻呼，感受呼吸之间气息的流动和身心的变化，试着让每次呼吸变得更加缓慢而深长，提醒自己吸气时背部延展向上，吐气时双肩、大小手臂、手掌心随之放松。

如果你想要疗愈你的身体，先疗愈你头脑里的想法。今天我们一起用积极能量的话语滋养你的身体，相信信念的力量，去拥抱健康美好的生命。完全放松你的身体，深长地吸气，缓慢吐气，吸气，吐气，保持自然的呼吸，去意识到呼吸发生在你身体的哪个地方，它是如何进入你的身体，离开你的身体的。不去控制，只是觉知你的呼吸，现在让你的意识在身体里游走，从你的头顶上方、面部、脖颈、肩膀、躯干、手臂、手指、骨盆、大腿、小腿、脚趾，好像第一次和它们连接一样，去感受下它们现在是什么样的感觉，是否在身体里让你感觉疼痛，告诉哪里可以完全放松。感恩我们的身体一直陪伴着我们，带来能量，带来支持，我知道你一直在尝试和我沟通，只是有时候我忘记了倾听，好在在这种你和身体创造的连接当中、宁静当中，去把接下来的句子告诉给自己。你在心里默念或者你可以大声地说出来："很好，我很安全，我很完整，我每天都在变得更好，更健康，我拥有健康的体魄，拥有健康的生命，我爱我的外在。我爱我的皮肤，我爱我的身体，我享受身体运动时的快乐，我拥有充沛的活力，接纳身体现在的状态，我相信，身体的自我疗愈，我相信，身体的内在力量，我选择，用营养去滋养我的身体，我选择，培养健康积极的习惯，我会照顾好我的身体。我的身体也会好好的照顾我，我值得拥有健康，我值得拥有美好的生命。"让这些充满能量的句子遍布你的全身，然后慢慢释放掉它们，在你的头脑当中想象你健康的样子、充满能量的你、散发活力的你、充满生命力的你，感受这种健康美好的感觉。

现在听我数到5，大家慢慢回到你所处的环境中来。1、2、3，动动你的脚趾手指，4、5，慢慢睁开眼睛，适应一下眼前的光线。现在将你的双腿往前放，舒展身体，留意一下身体的感觉。接下来，我们进行拉伸练习。

主题二十三　放下焦虑与压力

选择一个舒适的坐姿，让身体慢慢放松下来，轻轻地闭上眼睛，试着去放下那些占据在你大脑中的所有思绪，在接下来的时间里，你不需要做其他的任何事情，只需要将注意力集中于自己，继续自然地呼吸，现在尝试吸气时比上一次更深、更长，吸气时感受肺部在逐渐变得充盛，呼气时一切都在慢慢地收紧，现在让呼吸回到自然的节奏，不需要刻意控制，只接受和感受它。

此时此刻，你向你心中的智慧，你向你身体的智慧，敞开，允许自己进入接收的状态。放松，观察，去观察一下自己是什么样的状态，感觉怎么样？你的眉头是否紧张？你的眼皮、你的眼睛甚至眼球能不能更放松一点点？面部的肌肉、你的脸颊、你的下巴是否无意识地收紧着。去告诉你的身体，告诉你的肌肉，你们可以放松啦。允许自己放松，感受呼吸，感受内在的空间。当你闭上双眼的时候，你进入到内在的世界，内在的无限、内在的宇宙等待着。去探索，去回归，就像是回家一般的感觉，回到自己的身体里，回到自己的心里。每一个呼吸更加地放松，更加地平静，此时此刻，不需要想，不需要担心，不需要控制任何事，你可以用嘴巴轻轻地呼"啊"……如果可以的话，用一个轻轻的"啊"的声音呼出所有的压力、紧张，所有的负担与责任，让它离开你的身体，放松。在接下来几个短暂的时刻里面，我想要你去找到压力和紧张在你的身体当中是什么样的表达，是什么样的体验，当你感觉到压力与焦虑的时候，身体的哪些部位有对应的感受，也许是在腹部，也许是胸腔，也许是肩膀、颈部的紧张感，你去找到它，你去放大它。最后一个呼吸，深深地感受这份焦虑和压力，不去恐惧它，不去排斥它，不去评判它，也不沉溺于它。焦虑、压力到底是什么样的一种体验，观察它。如果你找到了一个身体部位的话，接下来在你深深吸气的时候，我希望你想象你吸入白色的光芒，运用你的想象力，让光芒到达你身体中感觉到紧张和压力的部分。如果没有特定的部分，就想象白色的、无限的、明亮的、温暖的光芒，渗透到身体的每一个细胞当中、每一个角落里面，你可以想象你的焦虑和压力感，所有负面低能量的情绪都是一种灰暗的、堵塞的能量。当你每一次吸气想象光芒的时候，这一份光芒、这一份生命能量、你的呼吸，可以帮助你冲洗掉、清理掉、化解掉所有阴暗的部分。允许你的想象力去发挥，每一次吸气，整个身体轻盈、自在、光明、喜悦、爱，每一次呼气，看到所有的焦虑、压力都瓦解，不复存在。"啊"，你可以继续鼻吸嘴呼，甚至可以与你的压力和焦虑对话，你告诉它，谢谢你，我知道你想要保护我，但是我不再需要你了。继续最后三次非常深长的呼吸，去享受身体更加地放松。

现在听我数到5，大家慢慢回到你所处的环境中来。1、2、3，动动你的脚趾手指，4、5，慢慢睁开眼睛，适应一下眼前的光线。现在将你的双腿往前放，舒展身体，留意一下身体的感觉。接下来，我们进行拉伸练习。

主题二十四　清理消极能量

选择一个舒适的坐姿，让身体慢慢地放松下来，轻轻地闭上眼睛，试着去放下那些占据你大脑的所有思绪，在接下来的时间里，你不需要做其他任何事情，只需要将注意力集中于自己身上，继续自然地呼吸，现在尝试吸气时比上一次更深、更长，吸气时感受肺部在逐渐变得充盛，呼气时，一切都在慢慢地收紧，现在让呼吸回到自然的节奏，不需要刻意控制，只接受和感受它。深入到无限的内在空间，此刻不必努力去改变或者控制任何事情，温柔地去觉察，觉察呼吸，觉察身体，觉察头脑，觉察情绪，我们一点一点地用意识扫描并且放松整个身体。

可以从头皮开始更加放松，你的眉毛舒展开来，你的眼皮、你的眼球放松，你脸颊的肌肉变得柔软，你的下巴彻底地放松。此时此刻，你不需要假装，不需要表演，跟最真实、最纯粹的自己共处。不必思考，只需要感受，深深地吸气到最饱满的位置，然后用嘴巴轻轻地、彻底地呼出，无比饱满地、深刻地吸气，呼出时，想象自己变得无比轻盈与自由。深吸，彻底地释放，现在允许呼吸自然发生，仿佛呼吸有它自己的智慧，它通过你在流动，让自己变得像是一个容器，生命能量通过你在表达，在流动，仿佛每一次吸气的时候都吸入流动的光芒，填满身体的每一个角落。可以想象，在身体以及头脑当中，所有消极的、灰暗的、堵塞的能量，都被你吸入的光芒化解、疗愈、放下。现在在心中默念，我选择放下恐惧，我选择放下所有的自我评判与伤害，我选择放下所有消极的限制性信念，我在此时此刻清理并且释放掉我身心当中一切不再服务我的能量。现在试着像一个旁观者一样，去看着今天的经历，可以允许画面自由变化与滚动，去找到今天最感恩的人、事、物，或是那些小小的却深深触动你的平凡简单却无比幸福的时刻，体会并且扩张喜悦与感恩的能量。深深感谢你的身体，感谢生命，感谢你所在的房间，感谢自己今天的练习。嘴角轻微上扬，仿佛此刻你就是世界上最幸福最满足的人，在心中默念着，深深地无条件地爱着自己，我的世界里一切都好。

现在听我数到5，大家慢慢回到你所处的环境中来。1、2、3，动动你的脚趾手指，4、5，慢慢睁开眼睛，适应一下眼前的光线。现在将你的双腿往前放，舒展身体，留意一下身体的感觉。接下来，我们进行拉伸练习。

主题二十五　平和与放松

本节练习将帮助你放松身体，平和、心静。在本节冥想练习中，请将你的注意力跟随我的语音指导，避免进入深度催眠状态。如果你的思绪开始飘散，不必担心，提醒自己将注意力拉回到我们锁定的身体区域即可。

现在找到让你舒适的姿势，慢慢闭上眼睛，让你的头脑平静下来，不必去想那些让你感到忧虑的事情，这是属于你的放松时刻。现在将你的注意力集中到你的呼吸上，跟随气息的流动，深深地吸气呼气，注意观察一呼一吸之间，你胸腹部的起伏，有意识地去观察呼吸之间身体轻微的变化。吸气时感受空气流入鼻腔，流经你的喉咙，充盈你的肺部，呼气时感觉整个身体的放松，释放所有的紧张，伴随着每一次呼吸感到越来越放松，越来越平和，静静享受这一刻。任何时候当你觉得紧张焦虑或是备感压力，都可以通过这种呼吸方法引导你自己停在当下。现在将注意力集中到你的脸部，感受脸部的肌肉逐渐放松下来，关注你的头顶，你的太阳穴、额头、脸颊，感受这些部位的紧张感，慢慢消散，有意识地去放松眼部周围的肌肉，放松你的鼻子，你的嘴巴、嘴唇和舌头，接着放松你的下巴。现在将注意力集中在你的肩膀，你的大臂，你的手肘、前臂、手腕、手背、手指、指尖，感受这些部位，慢慢放松下来。现在有意识地放松你的后背、你的下背部、你的臀部，你的身体变得越来越沉重，接着去放松你的大腿，你的膝盖、小腿、脚踝，双脚到你的指尖，你感到非常平静踏实。现在将注意力集中到你的全身，静静放松片刻，去感受体内能量的流动，感受它的频率和色彩。所有紧张焦虑不安的感觉开始消散，你的整个身体更加放松踏实。随着练习的深入，你会越来越习惯身体的感觉，你会变得乐观积极，充满正能量，你会感到越来越踏实，你会更多地享受当下，你将以更加平和的心态去面对自己，面对身边的一切，你会变得更加平静，你将学会用内心的力量去面对一切压力与挑战。当你感到压力重重的时候，只需要将注意力集中到你的呼吸，通过对呼吸的观察，你会变得平静、变得踏实。现在将你的意识拉回来，舒展身体，睁开眼睛，感受彻底的清醒放松，带着这份智慧与平和迎接生命的每一天，愿你一切安好。

现在，让意识缓缓回归，舒展身体，睁开眼睛，感受完全放松和安宁。

主题二十六　爱与慈悲

请大家关掉手机和电子设备，放松身体，准备开始冥想。现在找到让你舒适的姿势，慢慢闭上眼睛，让你的头脑平静下来，不必去想那些让你感到忧虑的事情，这是属于你的放松时刻。现在将你的注意力集中到你的呼吸上，跟随气息的流动，深深地吸气呼气，注意观察一呼一吸之间你胸腹部的起伏，有意识地去观察呼吸之间身体轻微的变化。吸气时感受空气流入鼻腔，流经你的喉咙，充盈你的肺部，呼气时感觉整个身体的放松，释放所有的紧张，伴随着每一次呼吸感到越来越放松，越来越平和，静静享受这一刻。

现在，想象自己正站在一片绿草如茵的草地上。阳光明媚，微风拂面，使人感到温暖舒适。草地上散落着一些小花，花香四溢，让人感到愉悦和平静。现在，将注意力放在自己的心脏上，感受它每一次的跳动。每一次跳动，都是爱的表现。感受到自己的心脏充满了爱，而这份爱也将在每一次呼吸中不断地扩散。现在，将注意力放在自己的呼吸上，感受氧气在体内流动的同时，也带来了爱和慈悲。感受到自己的呼吸带来的不仅是身体的满足，还有内心的喜悦与和谐。现在，将注意力放在身边的人身上，想象着自己向他们传递爱和慈悲。在心里默默地说："我希望每个人都能感受到爱和慈悲，无论他们在哪里，无论他们经历了什么。"现在，将注意力放在自己的内心上，感受到自己也需要爱和慈悲。在心里默默地对自己说："我爱我自己，我愿意给自己更多的慈悲和关怀。"现在，将注意力放在自己的身体上，感受身体的每一寸肌肤、每一根神经。感受到身体中每一个细胞都在倾听自己的内心，感受到自己的身体正变得更加柔软和平静。现在，慢慢地将呼吸放缓，感受到自己的内心变得更加平和与和谐。感受到自己的内心中充满了爱和慈悲，这份爱和慈悲将伴随自己走过每一天，让自己的生活变得更加美好和有意义。

现在听我数到5，大家慢慢回到你所处的环境中来。1、2、3，动动你的脚趾手指，4、5，慢慢睁开眼睛，适应一下眼前的光线。现在将你的双腿往前放，舒展身体，留意一下身体的感觉，保持内心的平静与和谐，开始新的一天。

主题二十七　意识觉醒

欢迎进入正念冥想的世界，这是一场深入内心的探索之旅。在这里，我们将一同唤醒你内心深处的觉醒，以全新的视角去体验这个多彩而奇妙的世界。

现在，请你轻轻闭上眼睛，将注意力完全集中在呼吸上。随着每一次深呼吸，感受空气在鼻腔中流转，穿过喉咙，深入肺部，再缓缓排出。在吸气和呼气的过程中，你胸腹部的起伏仿佛成了你与宇宙之间的桥梁，连接着你的内心世界与外在世界。想象此刻你正站在一个凉爽的夏日夜晚的海滩上，微风轻拂着你的脸庞，带来海水的咸湿气息。一轮圆月高悬于夜空，它的光芒温柔地洒落在波光粼粼的海面上，仿佛为大海披上了一层银色的纱衣。海浪轻轻拍打着岸边，发出悦耳的声音，如同大自然的摇篮曲。你踩在柔软的细沙上，感受着沙粒在脚下的触感，仿佛是大地的温柔拥抱。抬头望去，星空璀璨，每一颗星星都像是宇宙中的一颗灵魂，闪烁着独特的光芒。它们仿佛在向你诉说着宇宙的奥秘和无限可能。在这个宁静的夜晚，你与万物相通，你感受到每一片草叶、每一朵花、每一滴海水都与你有着千丝万缕的联系。你开始意识到，自己不仅是这个世界的一部分，更是宇宙的一部分。你的存在与整个宇宙息息相关，你的每一个想法、每一个行动都会影响到这个世界。此刻，你仿佛站在一个更高的意识层次上，俯瞰着这个世界。你看到了人类社会的繁华与喧嚣，也看到了大自然的宁静与和谐。你感受到了生命的脆弱与短暂，也感受到了生命的坚韧与永恒。你开始以全新的视角看待这个世界，以更加宽容和理解的心态去面对生活中的种种挑战。随着觉醒的深入，你的智慧也在不断增长。你开始意识到世间万物都是相互联系、相互依存的。你开始理解到，无论是人类还是大自然，都是宇宙中的一部分，共同创造着这个美丽而多彩的世界。在这个觉醒的过程中，你也开始更加关注自己的内心世界。你开始反思自己的行为和思想，寻找内心深处的真实与善良。你开始学会放下过去的遗憾和痛苦，拥抱现在的幸福与美好。你开始以更加积极和乐观的态度面对未来，相信自己能够创造出更加精彩的人生。

现在，请让意识缓缓回归现实。感受身体的每一个部位都在逐渐苏醒，感受心灵的每一个角落都在充满喜悦。睁开眼睛，迎接这个充满无限可能的新世界。你将以全新的姿态去拥抱生活，去创造属于你自己的精彩人生。

主题二十八　积极的自我暗示

积极的自我暗示可以让我们充满快乐与动力，提高身心健康的同时也能够更好地提高学习和工作效率。接下来，请找到一个让你感到安全舒适的地方，尽量不被打扰。让双脚自然平放在地面上，既不紧张也不僵硬，轻松地放松身体。双手自然地放在大腿上或身体两侧，躺下或坐下。等你准备好了，轻柔地闭上眼睛，开始我们积极心理暗示的练习。请跟随我声音的引导，在心里重复说出这些话，你也可以选择读书声，用你自己觉得舒服的方式。每一天，我都变得越来越好。每一天，我更加确信自己是谁，接纳完整的自己。我深深拥抱和爱当前的自己，我爱原原本本的自己，我接受我所有的情感，我值得无条件的爱。

我是自己生活的主宰，我具备一切条件来享受当下这个时刻，我的生活完美如花盛开。我所需要的一切正在轻松自然地走进我的生活。此刻，我感到内心的平和与宁静，我感受到自己内心的力量。此刻，我无条件地诚实地看到自己，我选择原谅自己。我选择相信自己的心与直觉，我深深感谢我所拥有的一切。我感恩并深爱着我的身体。我选择放下自我限制，放下自我伤害，放下恐惧、怀疑与评判。我选择在此刻改写我的人生。我选择用爱的态度过好今天，我放下过去，我消除所有负面的偏见和狭隘的信念。我在心中谅解伤害过我的每一个人。放下内心累积的内疚、恐惧、怨恨与失望。我所有负面的自我形象与评判现在都消失了。我是无限的，我是富足而喜悦的，我是完整、平静、圆满的。我的头脑、智慧、身体一直陪伴着我，我的人生的完美性正在通过我显现。我聆听来自身心的信息，我看到自己独一无二的价值，我给予的越多就会收获的越多。我体会内在的圆满，我的言行举止都充满了磁力与创造力，我为人类和世界创造着价值。我的一言一行都影响着万事万物。我的每一次呼吸都吸入爱的能量，每一次呼吸都体会感恩，每一次呼吸都创造着更好的自己。我是自己念头的主人，我是自己情绪状态的主人，我的个人魅力不断增加与扩张，我顺着生命之流舒畅地活着。我相信一切都完美地展开着，我感受到无比美妙的情绪。我建立最适合自己的习惯，我正在打造我最享受的生活方式，我将这种能力传递给身边的每一个人，富足的机会不断流动。我不断清理关于金钱的障碍，我允许自己拥有，我值得拥有物质的富足，我由内而外地感受富足。

每一天，我都在吸引着更多的财富，我成为无比富足而喜悦的自己，我允许自己成功。生命是宝贵的礼物，我感受到自己永恒的本质，回归天然的和谐与平衡之中。我越多地爱自己，就能吸引更多的爱。我允许自己发光发亮，我是独一无二的存在，我有独一无二的使命和天赋。我的内心智慧正指引着我。我是自己生活的创造者，创造性的思维与灵感每天都出现在我的脑海里。我正在按照自己想要的方式创造我的生活。我是创造性能量的通道，我心中有无限的潜能和智慧，我的身心充满了活力和创造力。我身体里的每一个细胞都充满智慧。我的身心具备自我疗愈的能量，我的生命充满无限可能性。我放飞我的想象力，我正在清理潜意识里的错误信念，我正在成为我渴望成为的自己，我值得拥有我所渴望的一切，我值得。我超越我过去的经历，我超越我的念头，我自己感恩我自己，愿我平安，愿我健康，愿我快乐。让心灵随心所欲地活动，让我们再来做一次深呼吸，深深地吸气，再一次吸气，动动你的手指和脚趾，慢慢地睁开你的眼睛，将内心圆满温暖真实的感受带到你所处的环境中，结束今天的冥想。

主题二十九　爱由心生

欢迎进入今天的冥想练习。在开始冥想之前，让我们找到一个舒适的姿势，你可以双腿交叉舒适地坐在地板上，也可以坐在椅子上，双脚平放于地面，或者让整个身体平躺在地板上，从尾骨向上到颈部，感受脊柱的延伸，双肩放松，远离耳朵，下巴向里收，感受颈部后侧的拉伸，放松你的臀部、大腿和膝盖，放松你的面部肌肉、放松下巴和喉咙。闭上双眼，将你的意识收回，在一呼一吸之间感受身体细微的变化，吸气时感受清凉的空气流入鼻腔，呼气时温热的气息流出鼻腔。现在开始深深地吸气，让腹部扩张，呼气腹部内收，吸气时感受整个身体的打开扩张，呼气时感受身体放松、内收。

　　抛开所有顾虑、忘掉你的计划，专注于你的呼吸。如果你的思绪开始飘散，慢慢将你的意识拉回来，继续进行深长的腹式呼吸。深深地吸气，感受气息从鼻腔流进，然后缓缓地呼气，感受气息慢慢流出。我们开始进行禅修冥想，想象你在深吸气时吸入一束白光，白光通过鼻腔爬向位于眉心的能量之源——第三眼，它在第三眼盘旋，然后随着呼气俯冲到你的喉咙，直到你的心脏。感受光流进你的鼻腔，然后从喉咙流出，一直到达心脏的中心。每一次吸气时白光在心房聚集，每一次呼气时它变得更加明亮、更加温暖，如同熊熊火焰，火苗随着每一个呼吸燃烧闪烁，继续深长地呼吸，白光不断聚集，愈加明亮，你感受到心房深处一股纯粹的爱的力量正油然而生。白光越来越亮，充盈你的心脏，你感到愉悦、有爱、包容、平和，你怀着感恩之心，觉得一切都可以宽恕，一切创伤都将愈合。你的心里充满了光和爱，迫不及待地想和他人分享，想象着并拿出一部分的爱送给需要的人，分享给全世界，你从内到外充盈着爱的力量，在呼吸之间，你甚至可以用你的爱去包容每一个人，包容整个世界。

　　现在缓缓将你的意识拉回来，用一个深呼吸结束今天的禅修之旅。将此刻的智慧与平和融入你生活的每一天。

主题三十　缓解焦虑、平和心态

　　欢迎进入正念冥想的世界，这里是宁静的避风港，是心灵的栖息地。本节练习将引导你缓解内心的紧张与焦虑，帮助你平和心态，享受每一个当下的美好。现在，请你将注意力集中在呼吸上，感受气息的流动，深深地吸气，再缓缓地呼气。注意观察每一次呼吸时，你胸腹部的起伏，有意识地感受呼吸带给身体的微妙变化。吸气时，想象新鲜的空气如同甘甜的清泉，流入你的鼻腔，流经喉咙，滋润着你的肺部；呼气时，感觉身体的紧张与焦虑随着气息的释放而消散，仿佛你正在将内心的重负轻轻放下。

　　现在，请闭上眼睛，想象一个温暖的初夏午后，你坐在一片宁静的森林里,身旁是一条蜿蜒的小溪。四周青草如茵,微风轻拂,带来阵阵花香,你静静地坐在这里,享受着大自然的馈赠。这是一个神奇的地方,让你忘却了尘世的喧嚣与纷扰。即使是以前怕水的你,在这里也感到特别安心。听,那激流潺潺的声音,叮咚作响,如同天籁之音。阳光透过树梢,洒在水面,波光粼粼,闪烁着迷人的光芒。你沉醉在这自然的音乐中,仿佛时间在此刻静止。你的意识跟随着溪流慢慢远去,飘向那未知的远方。此刻,你怀着一颗感恩之心,感激你所拥有的一切。你的目光追随着水流,溪水缓缓向前流淌,水面漂着的几片树叶,也随着水流一起一伏飘向远方。如果有任何思绪让你分心,那就将它们放在水面的树叶上,然后看着它们渐渐飘向远方。无论是快乐的还是悲伤的思绪,无论因何事产生,都任由它们随着溪水流淌,飘向远方。其实所有的思绪都是这样,当你的心绪不安时,只需要闭上眼睛,去想象你的思绪被漂流的叶子带向远方慢慢消散。此刻,你感到踏实、平静,仿佛与整个世界融为一体。从现在开始,你感觉更加自由,你将不再被无谓的思绪和情绪左右。生命中的美好事物将如泉水般涌现,来到你的身边。你会时刻享受当下,与世间万物无穷无尽的能量相连接。去体会你与周围一切的连接吧,你会发现生活充满了美好的际遇,生命一直丰富多彩。随着你生活阅历不断增长,你会越来越自信,你的内心也会越来越强大。你会与身边同样拥有正能量的人相互影响,共同创造更加美好的未来。你将会更加幸福、更加快乐,活出自己的精彩人生。

现在,缓缓将你的意识收回来,舒展身体,睁开眼睛,感受彻底的清醒和放松。带着这份智慧与平和迎接生命的每一天吧。愿你在未来的日子里一切安好,内心充满阳光与希望。

第十一章 其他体育课程思政教学资源分享

第一节 基于项群训练理论提炼聚类思政元素

20 世纪 80 年代,我国学者田麦久等人提出项群训练理论,经过发展,逐渐形成了"项群理论"。项群理论的核心在于聚类分析,即将具有相似竞技特征和训练要求的竞技项目归为同一类项群(项目分类详见表 6-1)。这一理论旨在揭示不同项群的竞技与训练规律。在运动训练中,同类项群间的训练手段可以相互借鉴和移植。经过分析发现,同一项群里的运动项目不仅具有相似竞技特征和训练要求,在可挖掘的课程思政元素方面也具有相似性。因此,根据项群训练理论的归类,这里总结提炼了同一项群不同体育课程可提炼的思政元素,任课教师可根据自己课程归属的项群,进行课程思政的教学设计。各项群课程可挖掘的思政元素如表 11-1。

表 11-1 不同项群课程可提炼的思政元素

项群	常见体育课程举例	思政元素
体能主导类	田径、游泳、滑冰、滑雪等	爱国情怀、永不言弃的坚毅品质、公平竞争意识、不断超越自我的意志品质、自律和自我管理能力
技能主导类难美性	健美操、体育舞蹈、体操、武术(套路)、瑜伽等	追求卓越的精神、审美教育、心理素质、健康意识、创新能力、积极的生活态度与行为
技能主导类准确性	射击、射箭、高尔夫等	礼仪规范、心理素质、文化认同、精益求精的精神、纪律性和规则意识、专注力和耐心、公平竞争的体育精神

续表

项群	常见体育课程举例	思政元素
技能主导类对抗性	足球、篮球、排球、乒乓球、羽毛球、网球、空手道、拳击、散打、柔道、棒球、橄榄球等	爱国主义精神、团队合作精神、集体主义荣誉感、规则意识、公平竞争意识、拼搏进取的意志品质、领导能力、组织能力、抗压能力

具体而言,体能主导类运动项目主要包括田径、游泳、举重、自行车和赛艇等。这些项目的特征在于,通常能够找到实现最终目标的唯一最优技术,技术动作相对较少,且这一最优技术由人体的体能特点所决定,旨在充分发挥既有的体能水平。这类项目需要长期的坚持和艰苦训练,同时也要求高度的自律和自我管理,这有助于培养学生的毅力、耐心以及自律,使他们学会在困难面前不轻言放弃,并在日常生活中保持良好的生活习惯。此外,这些课程还能提高学生的身体素质和运动技能,通过参与国家级比赛和训练,学生不仅能学会与他人协作,培养集体责任感和团队精神,还能培养竞争意识和困难克服能力,学会面对挑战和压力,增强胜利欲望和勇气。同时,比赛还能激发学生对祖国的热爱与自豪感,增强对国家的认同和忠诚。

技能主导类难美性运动项目主要包括跳水、体操、艺术体操、花样滑冰、花样游泳和武术(套路)等。这些项目不仅要求运动员具备高超的技术水平,还须展现出优雅、协调、高难度和美感强的特点。在思政教育层面,这类项目致力于全面塑造学生的审美眼光和勇于创新的精神风貌。在动作展示上,它们要求运动员做到动作整齐划一,不仅要展现高难度的技术动作,更要传达出强烈的艺术感染力,使观赏者领略到美的魅力。因此,教师在教授时,应同时注重技术传授和审美能力培养,通过经典比赛案例的展示和讲解,让学生在欣赏中感受美的力量,激发创新精神,鼓励他们勇于尝试,从而培养出既有技术又有艺术修养的优秀运动员。

技能主导类准确性项目更加注重对学生心理素质的培养。这类项目要求运动员在高度专注的同时,具备良好的情绪控制能力和自我调节能力。在比赛中，运动员常需面对巨大的心理压力和干扰，只有保持冷静、稳定的心态，才能发挥最佳水平。因此，教师在教学过程中，应特别注重学生礼仪规范的培养，通过礼仪学习和实践，让学生养成良好的行为习惯和道德品质。同时，教师还须注重对学生心绪稳定、坚毅品质的培养，通过一系列的训练和实践活动，让学生学会在压力下保持冷静，在困难面前不屈不挠。

技能主导类对抗性项目则以其激烈的对抗性和团队协作性著称。这类项目强调团队精神和规则意识的培养，让学生在比赛中学会尊重他人、遵守规则，同时培养他们的集体主义荣誉感和竞争意识。在教学过程中，教师应注重对学生团队合作能力的培养，通过团队活动和比赛，让学生学会如何与他人协作、如何为了共同的目标而努力。同时，教师还须注重对学生心理素质的培养，使他们在面对困难和挑战时能够保持冷静、勇敢前行。

第二节 16门体育课程思政教学设计案例

一、田径

田径是指由走、跑、跳跃、投掷等运动项目及其部分项目组成的全能运动项目的总称。田径运动作为"运动之母"，是开展最为广泛、历史最为悠久、参与国家和人数最多、具有极大影响力的健身与竞技项目，它起源于人类的基本生存与生活活动。田径运动对于学生不仅具有促进健康的功能，同时也具有丰富的思政育人元素，可以培养学生的爱国主义、吃苦耐劳、团结协作等精神。在新时代课程思政建设的指引下，挖掘与提炼田径课程思政元素，并进一步使之潜移默化地融入课程的设计与教学中，能够使学生在专业学习中真正做到学思结合、知行统一。田径课程思政教学设计案例见表11-2。

表 11-2　田径课程思政教学设计案例

思政元素	融入点	课程思政教学内容导入
爱国主义 吃苦耐劳 为国争光	为国争光的田径名人，例如苏炳添、刘翔等	在 2021 年东京奥运会百米半决赛上，苏炳添跑出了 9 秒 83 的好成绩，"中国飞人"苏炳添创造了属于自己的历史，同时也打破亚洲纪录，成为首位闯进奥运会男子百米决赛的亚洲飞人。他成功的背后，有太多辛酸与不易。因此，在田径课程中进行关于短跑技术理论和实践教学时，可以结合苏炳添的感人事迹，对学生进行爱国主义教育，培养学生吃苦耐劳、不畏艰难、为国争光的理想信念。
规则意识 尊重他人	运动会	"无规矩不成方圆"，在举办田径运动会时，凡是参与田径比赛的运动员都要遵守竞赛规则，在田径理论与实践学习中，可以提高大学生尊重裁判和对手的意识，加强学生的规则意识。
团结协作 热爱集体	田径接力跑	田径接力项目需要四人默契配合，田径比赛的裁判工作也需要全体裁判通力协作才能保证比赛顺利举行。因此教师在进行田径接力跑教学实践、田径裁判等内容教学时，要注重培养学生之间团结协作、热爱集体的意识。
拼搏进取 敢于挑战	观赛与参赛	田径比赛竞争激烈，对运动员体能、技能以及心理素质要求都很高，运动员在比赛上获得优异的成绩离不开拼搏和进取的精神。教师在进行田径理论与技术教学时，要培养学生达成学习目标、比赛目标的决心和为此拼搏的勇气。
敬业奉献 艰苦奋斗	一线体育教师、教练员	很多基层的教师兢兢业业坚守在教学与训练一线，倾情付出，需要克服各方困难和阻碍。在进行田径教学和训练中，要培养学生敬业奉献、艰苦奋斗的精神，坚定在一线的教学岗位担任教师和教练的信念，并为之而刻苦学习、训练，提升专业素养。
责任担当 统筹兼顾	活动组织	田径教学、训练、课外活动与比赛组织中，都要担当起责任和义务。在田径理论与技术教学中，注重培养学生的担当意识。

二、健美操

健美操是一项深受广大群众喜爱、广泛普及，集舞蹈、音乐、健身、娱乐于一体的体育项目。通过健美操练习，可以提高学生的运动兴趣，陶冶情操；通过健美操教学，可以提升学生的体质健康水平和健康观念意识，培养学生欣赏美的能力和创造美的意识，通过健美操竞赛与表演，培养学生团结协作的合作精神与良好的体育品德。健美操课程思政教学设计案例如表 11-3 所示。

表 11-3　健美操课程思政教学设计案例

教学内容	各阶段内容	思政元素
健美操基本手型和步伐	泛化阶段：使学生初步了解健美操基本手型和步伐动作，培养音乐节奏感 分化阶段：教师引导学生反复练习，使学生掌握健美操基本手型和步伐动作，学会健美操组合练习 自动化阶段：熟练掌握健美操的基本手型和步伐动作，动作与音乐合拍	激发学生的学习兴趣，端正学习态度，培养学生正确的审美观和韵律感，养成体育锻炼的好习惯，为树立终身体育思想奠定基础
健美操组合学习和成套动作练习	泛化阶段：通过观看健美操组合练习和成套动作视频资料，让学生了健美操组合和成套动作的要求 分化阶段：在教师带领下，经过反复练习，学生能够跟随音乐节奏，达到动作和音乐合拍，完成健美操组合和成套动作练习 自动化阶段：学生能够独立跟随音乐完成健美操组合动作和成套动作	培养学生勇于探索、创新实践的精神和互帮互学、团结协作的合作精神，锤炼良好的体育品德
健美操创编原则、方法及展示	泛化阶段：通过微信群观看健美操组合练习和成套动作视频资料，让学生了解健美操组合和成套动作的要求、音乐要求以及造型动作和队形编排 分化阶段：教师引导学生尝试健美操组合的创编，能够根据要求完成健美操组合和成套动作的创编，要求动作和音乐合拍，队形有变化，造型新颖 自动化阶段：学生能够独立自主地完成健美操组合和动作的编排	培养学生正确的审美观念、良好的风度、乐观进取的精神，陶冶美的情操。通过小组创编、合作、展示，培养学生的团队精神和集体荣誉感

续表

教学内容	各阶段内容	思政元素
健美操基础理论知识学习和竞赛规则学习	泛化阶段：通过健美操概述PPT，让学生了解健美操运动的基础知识和锻炼价值，讲授理论知识与创编原则与方法等，学习健美操的竞赛规则 分化阶段：让学生掌握健美操的基础理论知识、锻炼价值，能欣赏健美操的比赛 自动化阶段：学生能够熟练掌握健美操的基础知识和竞赛规则，并开展课堂健美操比赛，让其他学生进行评价	培养学生勇敢顽强、拼搏向上的创新精神和互帮互学的集体合作意识，树立健康第一的指导思想；通过观赏健美操比赛，培养爱国主义情感和集体荣誉感，陶冶情操，提高审美观念

三、体操

体操一词源于古希腊语，在中国、印度、埃及、古希腊、古罗马都有着悠久的历史。体操作为"运动之父"，一直是我国优势项目。体操运动项目蕴含着大量可挖掘的思政元素。体操课程除了让学生掌握体操知识与技能、提高身体素质，还可培养顽强拼搏、吃苦耐劳、团结协作的体育精神，帮助学生更好地健全人格，磨练意志。体操课程教学设计案例如表11-4所示：

表11-4 体操课程教学设计案例

课程知识点	思政元素	融入点	实施方式	思政目标
我国体操发展史	爱党、爱国"四个自信"	我国成为举世公认的体操强国的坎坷发展之路	讨论案例讲授	培养学生爱党、爱国、爱社会主义，坚定"四个自信"
体操术语	政治认同国家自豪感	以我国运动员命名的体操动作	讲授视频赏析	增强学生政治认同和国家自豪感，更加爱党、爱国

续表

课程知识点	思政元素	融入点	实施方式	思政目标
队列队形	集体主义 团队精神	全体学生做协同一致的动作	案例 情景	培养学生的集体主义精神和团队精神
徒手操创编	创新思维 创新精神	一套操（动作、顺序、连接、路线）的新颖独特要求	启发 讨论	培养学生的创新思维和创造精神
保护与帮助	责任担当 互帮互助 团结协作	体操技术动作学练时的保护与帮助	讲授 情景	培养学生良好的责任感与担当精神，使学生养成互相关心、互相支持和互相爱护的优良作风与品质
技术类体操动作学练	吃苦耐劳 顽强拼搏 挑战自我 精益求精 追求卓越	国家队或省队训练故事	视频 练习 情景	培养学生传承中华优秀传统文化和工匠精神
体操身体素质训练	素质观 价值观	目前我国学生身体素质现状	案例 讨论	帮助学生树立正确的身体素质观（协调发展）和体操在发展身体素质中的独特价值
体操比赛裁判评分	公平公正 诚实守信 严谨求实	伦敦奥运会体操团队决赛积分改判故事、学生执裁与自评	案例 情景	培养学生践行社会主义核心价值观
体操比赛评分规则	以人为本 生命至上	国际男子竞技体操评分规则注重运动员安全案例	案例 互动	帮助学生树立"以人为本"的教育观念

续表

课程知识点	思政元素	融入点	实施方式	思政目标
体操教学要求	爱岗敬业 为人师表 教书育人	师德师风	案例 视频赏析	培养学生良好的师德师风

四、中华射艺

射艺是中国传统的射箭活动,是中国民族体育、艺术和文化的合体,由历代儒家学说所推崇的六艺之一的"射"发展而来。"中华射艺"课程中蕴含着丰富的思政元素,通过学习其蕴含的礼仪规范与道德规范等优秀传统文化,可以增强学生的国家认同感和民族认同感,培养学生向上的生活态度,树立正确的人生观与价值观。中华射艺课程思政教学设计案例如表 11-5 所示。

表 11-5　中华射艺课程思政教学设计案例

教学内容	目标要求	重点难点	思政元素
射艺历史与安全规范	了解射艺常识,牢记射艺铁律	射艺安全铁律	传承与弘扬我国民族传统文化,进行爱国主义思想教育,提高安全意识,做一名合格、遵法、守规矩的大学生
易筋经一至三式,站立姿势,上下弓弦,拇指勾弦	熟练上下弓弦,掌握勾弦方法	勾弦别箭	志正体直的个人修养教育
射艺文献,易筋经四至六式,行端志正,举弓引弓,上肢训练	理解"争"的内涵,射艺基本站姿,高举平开引弓	理解"争"的内涵,对称引弓	君子之争、坚强的意志品质

续表

教学内容	目标要求	重点难点	思政元素
射艺文献，易筋经七至九式，持续引弓，学习撒放（橡皮筋）	"发而不中，反求诸己"，引弓末期持续加力	"发而不中，反求诸己"，持续引弓，撒放	反复自省、保持心境平和、自我调节能力，挫折教育
射艺文献，易筋经十至十一式，动作暂留，瞄准撒放，执弓礼，藏弓礼	"射以观德"，区域瞄准方法，撒放动作暂留	"射以观德"，动作暂留	人格道德规范、目标明确、自信心的建立
射艺文献，五平三靠，复习瞄准，增加射距（5米—7米）	引弓末期持续加力，开弓要求五平三靠，理解中国古代射艺技法的内涵	五平三靠，中国古代射艺技法的内涵	坚强的意志品质，吃苦耐劳的精神
射艺文献，直线对称用力，后手练习，增加射距（7米—10米），揖让礼	思考"射正何为乎"？学习直线用力的技法原理，解决后手的技术问题	射正何为乎?后手的技术问题	正确价值观教育
射艺文献，前手知簇，实箭练习，对手行礼	学习对称用力的技法原理，解决前手问题，提高射艺撒放的技能	前手知簇	"敬人、敬物、敬事"三点态度
射艺文献，"怒气开弓，息气放箭"，增加射距（7米—10米），实箭练习	初步建立射箭的节奏感	射箭的节奏感	目标明确、建立自信心、有的放矢
射艺文献，弓种特点、竞赛礼仪学习，了解射艺竞赛基本规则	了解礼仪规范与要求，先行礼，再行射	技法练习	保持心态平和、自我心态调节能力
射艺文献，侯靶团体淘汰赛、环靶个人排位、环靶考试赛、侯靶考试	自检技法，先行礼，再行射；测试学生技术掌握情况、礼仪完成情况和成绩	赛场心态	保持心态平和、自我调节能力

五、乒乓球

乒乓球是我国的"国球",有着很强的群众基础。乒乓球是一项充满智慧、富有趣味、汇聚文明、灵活多变的隔网对抗性项目,具有体积小、速度快、趣味强等特点,由于它对年龄、技能水平等不设限,因而参与广泛、开展方便。在乒乓球教学中融入思政元素,不仅可以教给学生乒乓球知识和运动技能,而且还可以增强学生的爱国主义和集体主义精神。练习乒乓球,可以使学生增强体质、增进健康、学会竞争,从而促进学生全面发展。乒乓球教学与思政元素相结合,可以激发学生对体育的兴趣,促进终身体育观念的形成。乒乓球运动课程思政教学设计案例如表11-6所示。

表11-6 乒乓球课程思政教学设计案例

课程分类	具体内容	相关事例	思政元素
乒乓球运动简介	中国乒乓球的发展史	我国第一个男子世界冠军容国团,我国第一个女子世界冠军邱钟惠。	爱国主义 民族精神 文化传承
乒乓球基本技术	发球与接发球	20世纪60年代中国乒乓球队创造了高抛发球以后,高抛发球以它特有的速度快、旋转强、时间差等特点,为中国乒乓球队取得赫赫战绩立下了汗马功劳。	创新精神
乒乓球基本技术	攻球技术	邓亚萍的先天身体条件并不被教练所看好,但她刻苦训练,三天磨破一双训练鞋,终成就"大满贯"。其近台快攻的技术打法是世界乒乓球史上极具代表性的进攻范式。	顽强拼搏 吃苦耐劳 坚韧不拔
乒乓球基本技术	推挡球技术	刘国梁利用正胶速度快的特点将推挡技术发展到了新的高度,自此左推右攻打法成为我国的特长打法。	工匠精神 智育元素

续表

课程分类	具体内容	相关事例	思政元素
乒乓球基本技术	弧圈球技术	许昕被称为"人民艺术家",因正手弧圈球技术圈粉无数,其比赛观赏性极高,为推动乒乓球运动的发展做出了巨大贡献。	互助创新 优势互补 追求卓越
	削球技术	丁松被誉为乒坛的"魔术师",把攻和削完美地结合在一起,使削球打法由原来的"削中反攻"进入了"攻削结合"的时代。	创新精神 集体主义 团结协作
	进攻战术	马龙以其正手技术的突出表现而著称,能够进行全台无死角的进攻,使对手常常处于被动状态,在乒乓球界被誉为"战术大师"。	竞争意识 敢于超越 奋勇拼搏
	防守战术	陈梦赢球靠防守,在东京奥运会女单决赛上,陈梦战胜孙颖莎夺取奥运冠军,再次验证了这一基本规律。	自强不息 沉着冷静 永不言败
乒乓球裁判基本理论	执裁的方法与规则	一次邓亚萍与朝鲜队的比赛中,在处于关键比分的情况下,裁判因没有看清朝鲜队的一个擦边球将得分误判给了邓亚萍,邓亚萍及时举手告知裁判,将比分修改,赢得了对手的尊重和观众的掌声。	爱岗敬业 公平公正 规则意识 诚实守信

六、羽毛球

羽毛球是一项以技能为主导的隔网对抗性运动,是使用长柄网状球拍击打用羽毛和软木制作而成的一种小型球类的运动项目。击球速度很快,动作刚柔结合,是集竞技性、健身性和娱乐性于一体的综合性体育项目,深受广大群众的喜爱。与此同时,羽毛球运动中蕴含着丰富的思政元素,在培养学生的爱国主义精神、顽强拼搏、竞争意识、团结协作、规则意识,树立终身体育思想等方面都可以起到潜移默化的作用。羽毛球课程思政教学设计案例如表 11-7 所示。

表 11-7　羽毛球课程思政教学设计案例

教学内容概述	思政元素	融入点	课程思政育人目标
羽毛球运动文化	爱国主义 文化自信 民族自豪	我国成为举世公认的羽毛球强国的坎坷发展之路。	增强学生为国争光意识、爱国主义精神、文化自信和民族自豪感
基本技术：正反手击高远球、吊球、扣杀球；网前挑球、搓球、勾对角线球	拼搏进取 勇于挑战 工匠精神	我国羽毛球运动员艰苦训练的事迹，追逐体育梦想永不放弃的精神。	培养学生追求精益求精的工匠精神，增强学生的自豪感、奋斗心，掌握动作技能形成过程的规律，让学生养成脚踏实地做事的能力
基本战术：单、双打战术	创新意识 团结协作 集体主义	2012 年伦敦奥运会男单决赛，林丹在面对较大分差时不放弃，最终逆转，获得冠军。	培养学生创新精神、吃苦耐劳的坚强品质。促使学生形成挑战自我、拼搏向上的进取精神
竞赛规则、裁判规则	规则意识 公平公正 诚实守信 爱岗敬业	2008 年韩国公开赛中，裁判多次误判，结果韩国队获胜。执裁做到不偏袒任何一方，不吹"黑哨"。	培养学生的礼仪礼节和规则意识，树立爱岗敬业、诚实守信的价值取向
教学比赛	顽强拼搏 团结协作 坚韧不拔 吃苦耐劳	2017 年世锦赛女子单打决赛上出现 73 回合"超级多拍"，运动员体力不支，极易出现"极点"情况，但仍凭借意志完成比赛。	在比赛中培养学生的竞争意识以及永不言弃的精神品质，增强团队归属感和集体荣誉感
一般与专项身体素质练习	吃苦耐劳 顽强拼搏 坚韧不拔	世界冠军李雪芮，对抗伤病多年，最终还是因伤退役。	培养学生面对困难坚韧不拔、勇于尝试的意志品质和顽强拼搏的精神

七、网球

网球运动是运动员手持网球拍隔网对抗的运动，被称为世界第二大球类运动，一向享有"贵族运动""高雅运动"以及"文明运动"的美誉，是一项深受人们喜爱、极富乐趣的体育活动。网球运动既是一种增进健康、增强体质的方式，也是一种艺术追求和享受。网球是公认的绅士运动，文明、高雅的网球文化礼仪起源于100多年前的传统习俗，球员与球员、教练、观众之间始终以礼相待。以网球课为载体，在体育教学中充分挖掘网球运动的思政元素，可以培养学生文明礼貌、爱国主义精神、团结协作的意识，全面提高学生的身体素质和心理素质，形成积极向上的生活态度和良好的体育道德。网球课程思政教学参考案例见表11-8。

表 11-8　网球课程思政教学设计案例

课程分类	具体内容	思政元素	课程思政育人目标
网球运动概述	网球运动起源 中国网球发展历程	国家认同 爱国主义 民族自豪	通过学习网球和中国网球的发展历程，培养学生的社会主义责任感与爱国主义精神
网球基本技术	正手和反手击球技术 发球和接发球技术 截击球和高压球技术	吃苦耐劳 勇于进取 团结协作 追求卓越	通过网球技术的学习，培养学生刻苦训练、勤奋好学、追求卓越的精神
网球基本战术	发球、接发球战术 底线战术 上网截击战术 破网战术	创新精神 顽强拼搏 竞争意识	培养学生的创新精神、竞争意识和遇事果断的品质
网球裁判工作	网球竞赛组织 裁判方法与规则	爱岗敬业 规则意识 协作精神 公平公正 终身学习	了解国内外网球竞赛规则与裁判，拓宽知识视野，培养学生终身学习的意识
网球竞赛	网球教学比赛	竞争意识 集体主义 专注能力 永不言弃	通过网球教学比赛与技战术的运用，培养学生从多方面思考问题并善于思考的能力

八、排球

排球运动起源于美国,是一种以手支配球为主的隔网集体对抗性项目。排球运动是一项适合各年龄层人群参加的大众化体育运动,这个项目之所以深受人们喜爱,是因其比赛激烈而不失安全性,注重个人技术而不失集体配合的独特魅力。在我国,中国女排已成为排球运动的标签,其特有的"女排精神"代代相传,具有极强的教育意义。排球教学不仅可以锻炼学生的体魄,提高身心健康,同时还能磨炼学生的意志。通过不断的学习和训练提升学生的自信心和爱国主义精神,培养良好的体育道德和团队协作精神,使学生拥有坚强的体育品格。排球课程思政教学参考案例如表 11-9 所示。

表 11-9 排球课程思政教学设计案例

具体内容	思政元素	思政融入	课程思政育人目标
排球运动简介和发展概况	女排精神、爱国主义、民族精神、团结协作、顽强拼搏、文化自信	在教学中引入中国女排曾经取得的辉煌成绩,具有的历史意义。	培养学生的爱国主义精神,增强学生为国争光意识、文化自信和民族自豪感
基本技术:准备姿势、发球、垫球、传球、扣球、拦网	勤学苦练、刻苦钻研、追求卓越	在实践教学中,结合学生学习和掌握技术的情况进行言传身教指导和思想教育。	培养学生拼搏进取、迎难而上的精神
战术基本理论、阵容配备、进攻战术、防守战术	团结协作、集体精神、顽强拼搏、竞争意识、大局观念	通过学习每一种战术中人员配备内容,理解角色职责,做好自己,成就团体荣誉。	培养学生的竞争意识,团结协作、奋勇拼搏的精神
排球裁判规则	规则意识、良性竞争、公平公正、尊重对手和裁判的态度	通过观看正规排球比赛视频向学生讲解比赛规则,传递正向的竞争意识和职业精神。	培养学生遵守规则、沉稳自信的精神

续表

具体内容	思政元素	思政融入	课程思政育人目标
技战术的运用、排球团队比赛	无所畏惧、顽强拼搏、同甘共苦、团结战斗、刻苦钻研、勇攀高峰	主要通过实践教学，学生在参与比赛的过程中，体验和形成态度、意识和精神品质。	培养学生的竞争与合作意识

九、篮球

篮球运动是一项以投篮得分为目的而进行攻守交替，集跑、跳、投于一体的同场对抗性集体项目。篮球运动持续时间可长可短，它的特点在于趣味性高、观赏性好、挑战性强，同时也是一项健身益智的运动项目。篮球教学中包含了大量的理论知识和实践知识，因此可以在篮球教学中融入课程思政的理念，将篮球教学与思想政治教育有机结合起来，培养学生的爱国主义、勇敢顽强、团结协作的精神，提高学生对个人及群体的责任感，发扬体育精神，促进学生形成正确的世界观、人生观和价值观。篮球课程思政教学设计参考案例见表11-10。

表11-10 篮球课程思政教学设计案例

课程分类	具体内容	思政元素	课程思政育人目标
篮球基本理论	篮球运动简介和发展概况	爱国主义 民族精神 文化自信	培养学生的爱国主义精神，增强学生为国争光意识、文化自信和民族自豪感
篮球基本技术	运球技术	协调配合 敢于担当	增强学生的上下肢协调配合、行动力与观察力
	传接球技术	集体主义 合作共赢 团结协作	培养学生的集体主义意识，个人小我与集体大我的舍与取，使学生明白团结合作才能共赢
	持球突破技术	勇敢顽强 有勇有谋	一旦决定好策略，就要大胆尝试，判断力与行动力的统一，个人智与勇的结合与统一

续表

课程分类	具体内容	思政元素	课程思政育人目标
篮球基本技术	投篮技术	临危不乱 知行合一	培养学生敢于出手、心理稳定、行动坚决。让学生明白知行合一、身心合一才能面对一切，从容应对
	抢篮板、断球	观察准确 顽强拼搏	观察判断，果断出击，获得球权，争取胜利。增强学生顽强拼搏的精神、迎难而上的信心与决心
篮球基础战术	传切战术	互帮互助 配合融入	传球准确，切入果断，传切到位，相得益彰。使学生懂得个人的力量是有限的，集体力量是无穷的
	突破战术	自信果断 乐于分享	增强学生自信果断的信心，不断突破，在突破过程中寻找最佳进攻时机，提高团队意识
	策应战术	集体主义 责任担当 系统思维	通过利用策应战术的空间感知、时机把握、牺牲精神与思政教育的集体主义、系统思维、责任担当深度绑定，可使学生在提升篮球战术水平的同时，自然建构正确的价值观
	掩护战术	信任意识 奉献精神 团队精神	培养学生"我为人人，人人为我"的意识，同学之间相互尊重，互相成就
	快攻战术	时效意识 团队精神 责任担当	通过快攻战术的瞬时决策、高速协作、结果导向特点，自然渗透时效意识、团队精神、责任担当等核心价值观
篮球比赛职责	教练员	统筹兼顾 爱岗敬业 以身作则	教练员作为球队的管理者与指挥官，必须要有良好的道德情操、扎实的专业知识，具备爱岗敬业、统筹兼顾、以身作则的基本素质
	运动员	团结协作 合作共赢 竞争意识	培养学生履行好自身职责与发挥出相应能力，并与队友一起承担比赛的任务，增强学生与人配合沟通、合作共赢的能力
	裁判员	公平公正 严于律己 规则意识	培养学生公平公正、严于律己、尊重规则、遵守社会道德规范的意识

十、足球

足球运动是以脚支配球为主的同场集体对抗性项目，由两支球队在长方形球场上进行进攻、防守对抗体育运动项目。因其对抗性强、战术多变、参与人数多等特点，被誉为"世界第一运动"。足球运动的竞争性、对抗性、集体性等特点能够很好帮助学生塑造乐观开朗、积极进取等优良人格。同时，足球运动中所蕴含的团队协作、竞争意识、坚持不懈等精神品质在育人方面有着独特作用，并且足球课程在各个教学环节中都潜藏着丰富的思政元素，因此充分挖掘足球课程中的思政元素对于提升学生的思政素养水平发挥着重要作用，有助于塑造学生正确的价值观念和思想品德。足球课程思政教学设计参考案例见表11-11。

表11-11　足球课程思政教学设计案例

课程分类	具体内容	融入点	思政元素
足球基本理论	足球运动发展史概述	1913年至1934年间，我国共参加了10届远东运动会，获得8次足球比赛的冠军。	爱国主义 民族精神 文化自信
足球基本技术	踢球技术 接球技术 运球技术 射门技术	英国球星贝克汉姆把一个轮胎挂在球门的角上练习数万次任意球，最终成为任意球大师。 葡萄牙球星C罗十年如一日坚持科学饮食，只为长期保持巅峰的竞技状态。	吃苦耐劳 勇敢自信 刻苦训练
足球基本战术	进攻战术 防守战术	2002年世界杯中国足球队利用战术打入世界杯决赛圈。 2022年女足亚洲杯决赛中中国女足3∶2逆转击败韩国夺冠。	拼搏精神 团结协作 集体主义 创新意识
足球教学比赛	7人制分组淘汰赛	2022世界杯上阿根廷队两球领先被法国队追平，以3∶3进入点球大战，最后如愿夺得冠军。	团队合作 敢于竞争 奋斗精神
足球竞赛规则	足球裁判规则与方法	2006年德国世界杯决赛上，法国球员齐达内因头顶马特拉齐被红牌罚下，导致法国队痛失大力神金杯。	规则意识 公平公正

十一、花样跳绳

花样跳绳作为 21 世纪大学体育选项课中的新兴项目，因其超强的趣味性、娱乐性、表演性等深受学生喜爱。花样跳绳以学生的身心发展特点和规律为根基，以跳绳为载体，以身体练习促进身心健康发展为导向，增强学生体质、健全学生人格、培养学生坚韧不拔的意志力、发展学生的身体协调性和灵敏性，引导学生形成终身运动习惯，已经成为比较热门的体育课程。花样跳绳课程思政教学设计参考案例见表 11-12。

表 11-12 花样跳绳课程思政教学设计案例

课程分类	知识点	课程思政教学要点	所属思政维度	教学方法
第一部分	教师自身学习经历（本、硕、博的学习经历）	引导学生进行大学生活规划	人生观	讲授法 案例分析法
	教师自身的科研方向介绍（适应体育）	引导学生平等地对待残障人群，不歧视弱势人群；懂得包容、仁爱，建立"大爱"观，学会爱自己和爱身边的人	价值观 世界观	讲授法 案例分析法
	教师对学生的期望：不但要完成学习，而且要丰富自己的简历，更要学会为人处世的道理	引导学生丰富自己的大学生活；学会欣赏自己和他人的优点；学会原谅自己和他人的不足	人生观 价值观	讲授法 案例分析法
第二部分	花样跳绳视频欣赏	引导学生懂得团队和责任意识的重要性	人生观 价值观	多媒体展示 讲授法 案例分析法
	花样跳绳赛事的讲解	引导学生运动中和生活中都要坚持不懈，正确看待挫折和失败	人生观	多媒体展示 讲授法 案例分析法

续表

课程分类	知识点	课程思政教学要点	所属思政维度	教学方法
第三部分	设置专项班、竞赛班、保健班、重修班	引导学生了解自己能力和特点，培养学生独立自主的学习和处事能力	人生观 价值观	讲授法 案例分析法
	花样跳绳课程的特点（协调性、创新能力）	引导学生重视基本能力的培养及创新思维的培养	人生观	讲授法 案例分析法
第四部分	课程常规	培养学生责任主体意识、规则意识，引导学生了解善恶是非	人生观 世界观	讲授法 案例分析法
	课程评价（过程性评价结合结果性评价）	引导学生进行长期规律的体育锻炼，培养学生终身体育意识和团队意识	人生观	讲授法 案例分析法
第五部分	学生自我介绍及总结	引导学生欣赏他人的优点，尝试大胆自信地表现自我，鼓励志趣相投的同学建立友谊关系	人生观 世界观	讲授法 案例分析法

十二、健美

健美是一项通过徒手和各种器械，运用专门的动作方式和方法进行锻炼，以发达肌肉、增强体质、增进健康、改善形体和陶冶情操为目的的运动项目。健美不仅强调"健"，而且强调"美"，"美"是健美运动之灵魂，是"健、力、美"的完美统一，其竞技形式是在舞台上展示"人体美"和综合修养，是兼具竞技性、娱乐性、表演性和观赏性的一项运动。通过健美课程的学习，使学生了解健美运动概况及相关的基本理论知识并掌握身体各部位肌肉的锻炼方法。培养学生勇于挑战自我，加强团队合作，通过互相帮助，学会沟通交流，培养学生健康的身体和阳光的心态。健美课程思政教学设计参考案例见表11-13。

表 11-13 健美课程思政教学设计案例

课程模块	教学内容	思政元素	融入方法
健美基础理论	健美运动发展史	文化自信	对比中外健美文化，分析中国运动员（如鹿晨辉）的奋斗故事
	运动解剖学学基础	科学精神	结合"航天员体能训练"，强调科学训练的重要性
	训练安全规范	规则意识	模拟健身房事故案例，讨论"自律与自由"的关系（如盲目加重导致受伤）
分组训练实践	力量训练	吃苦耐劳精神	设置"极限重量挑战赛"，记录突破过程（类比红军长征"坚持到底"精神）。
	形体矫正	审美素养	分析不良体态危害，强调"形正心正"。
	分组循环训练	团队协作	设计"团队积分赛"，要求组员互相保护、纠正动作（参考女排团队配合模式）
	训练计划制定	创新思维	每组设计个性化方案，答辩阐述设计理念（类比"大众创业"创新精神）
成果展示与反思	形体对比展示	自信心建立	播放学员训练前后对比视频，分享心路历程（参考残奥运动员励志故事）
	训练日记分享	自我反思能力	撰写《我的健美哲学》，结合"知行合一"理念讨论
	公益健身推广	社会责任感	组织社区义务健身指导，践行"健康中国"战略

十三、空手道

空手道既是一种传统东方武道，又是一项现代竞技运动。空手道起源于中国，流行于全世界，最初名称为"唐手"。它的格斗技术全面，有拳法、腿法和摔法，且简单有效，没有任何"花架子"，每一招、每一式都直接应用于实战中，具有极强的实用性，被称为世界最强武道。但它并不是广义的野蛮搏斗，更多的是一种君子之拳。因为空手道讲究控制，习武健身的同时，更讲究"心、技、体"，注重练习者精神层面的修养。空手道教学与思政元素相结合，可以培养学生强国有我、奋斗无畏的拼搏精神，增强学生的民族责任感和自豪感。空手道课程思政教学设计参考案例见表11-14。

表11-14 空手道课程思政教学设计案例

课程分类	专业知识点	案例主题	思政元素
课程导论	体育健康常识	体育促健康、体育锻炼安全事项、运动基本原理、健康饮食、运动疲劳与恢复、运动损伤与康复	树立"健康第一"的理念，培养科学锻炼、终身锻炼的意识
空手道的起源与发展	源于中国南派武术	中国武术的博大精深及深厚影响力	树立文化自信
空手道的分类和特点	崇尚礼仪、注重基础；打练结合、止戈之术；刚柔并济、技法全面；发声扬威、内外兼修	"以礼始、以礼终"的鞠躬礼和跪姿礼节；完备的技术体系；"组手"与"型"的分类	培养尊师重情、谦虚礼让的品德和克己正身、坚韧不拔的信念
空手道的竞赛规则	"组手"竞赛规则、"型"竞赛规则	"先取"原则、"夸大"判罚、"型"的打分	培养诚实守信、刚正不阿的品质，严谨细致的处世之道
空手道的专项身体素质练习	速度素质、力量素质、灵敏素质、柔韧素质	绳梯练习、器械练习、障碍练习等	提升身体素质，提高团队协作能力，养成科学健身的习惯

续表

课程分类	专业知识点	案例主题	核心思政元素
空手道的技战术体系	"组手"的拳法、腿法以及摔法;"型"的成套动作练习;各类战术	前手拳、中断拳、勾踢、横踢、绊腿踢、接腿踢、组合技术等;边角战术、伴攻战术等	培养学生不断提高技术的意识,追求全面发展的能力,提高学生的安全防范意识和见义勇为的担当
空手道的比赛观摩	东京奥运会比赛视频学习	中国女将尹笑言、龚莉的比赛历程	培养学生强国有我的担当和爱国情怀

十四、柔力球

柔力球是一项中国人发明,具有深厚文化内涵和哲理,融传统的太极运动方式与现代竞技特征于一体,强调身心内外双修,追求人与自然、人与人、人与球的和谐统一,具有鲜明民族特色的体育运动项目。柔力球集健身性、娱乐性、趣味性、表演性等于一体,易于推广和普及。通过练习可以促进学生的身心健康水平,培养人文素养,树立正确的世界观。柔力球课程思政教学设计参考案例见表11-15。

表11-15 柔力球课程思政教学设计案例

课程章节	知识点	课程思政教学要点	所属思政维度	教学方法
第一章	体育与健康基础理论知识	掌握运动与健康知识,制定个性化运动锻炼方案	科学精神	讲解法
	专项理论知识	了解柔力球运动的性质、特点和作用;了解柔力球的技术特点和基本要领;了解柔力球的锻炼方法和注意事项	家国情怀爱国主义	讲解法

续表

课程章节	知识点	课程思政教学要点	所属思政维度	教学方法
第二章	裁判法及规则	了解比赛规程 会欣赏比赛	道德规范 规则意识	讲解法 案例分析法
	基本技术	掌握专项基本技术，培养学生体育专项锻炼兴趣，培养学生终生体育意识和健康生活的习惯，培养学生规则意识。	创新能力 团队协作精神	示范讲解法 练习法 纠错法
	基本战术	掌握专项基本技术，提高技战术运用能力。	创新能力 团队协作能力	示范讲解法 练习法 纠错法
	专项身体素质	提高身体素质，掌握锻炼身体的方法。	顽强拼搏精神 超越自我	示范讲解法 练习法 纠错法 鼓励法

十五、导引

导引是我国古代的呼吸运动（导）与肢体运动（引）相结合的一种养生术，也是气功中的动功之一。导引是民族传统体育学科的组成部分，近代称为导引或导引术，古代称道引，具体以八段锦、五禽戏、易筋经、形体导引等不同的运动方法为课程内容。导引对发展学生耐力、灵敏和柔韧等身体素质，保持良好的身心健康方面有良好的效果。导引养生课程中蕴含着丰富的思政元素，与之结合，在立德树人、提升素质、全面发展的人才培养方面具有极其重要的意义。导引课程思政教学设计参考案例见表11-16。

表 11-16　导引课程思政教学设计案例

领域分类	思政目标		课程与思政融点
	主要维度与元素	内涵描述	
认知阶层	学科素养：专业知识认知、严谨的探索精神以及公平的竞赛意识	在中国传统哲学基础上理解传统身体活动的独特性和内在魅力，辩证科学的认知训练原理，提高学生对养生活动的认识和探索能力，体悟体育竞赛的规则意识、诚信意识和公平意识。	查询古代养生案例，认识传统养生发展的客观性，通过阅读并讲解养生内在机理，引导学生认知养生原理的科学性和规范性，并鼓励学生主动积极探究养生运动的特点和趣味。通过在训练过程组织组内或组间比赛，促使学生体会竞赛的规则意识和竞争意识。
动作阶层	学科素养，反思能力：探索精神，实践能力，学习反思与服务意识	在专业理论学习和实践训练过程中开展反思活动，学会循序渐进，质疑，求证与判断，掌握体育技能形成的一般规律，学会在团体竞赛中服务公众，学会奉献。	通过由简到繁的训练，由教授到探究的学习，由个人到团体的竞赛，引导学生在训练中、竞赛中、创新展示中进行探索与体验。
情感阶层	家国情怀，职业素养：文化技术传承，法制意识，正确的职业价值观和责任心	树立对民族项目习练过程中的认同感、自豪感以及传承技术的使命感和责任感。在竞赛中恪守武德，遵守规则，强化自律。同自己的专业发展相结合，坚定体育与自身专业的统一认同，树立正确的职业观，主动运用所学发挥价值和作用。	在学生了解运动的基本特征和方法上，通过引用社会案例，鼓励并引导主动行动，来为学生的发展树立主体意识，激发守正和传承精神，并引导其同本身专业相联系，从而树立正确的价值观念。

十六、太极拳

太极拳，以中国传统儒、道哲学中的太极、阴阳辨证理念为核心思想，集健身与文化熏陶为一体，是我国优秀的民族传统体育项目。太极拳课程是我国体育文化中不可缺少的一部分，既具有鲜明的民族文化特征，又充满浓厚的传统色彩，一招一式都在体现着思政元素，传达着传统文化的精髓。通过学习太极拳，学生可以深入了解传统文化的价值和精髓，包括太极哲学、阴阳五行等思想。在课程中，可以引入太极拳的历史渊源和文化背景，让学生在掌握技艺的同时，感悟传统文化的韵味，提升文化自信，加深民族认同感和自豪感。同时，太极拳注重内心的安宁、和谐和善良，有助于培养学生的品德修养。在课程中，可以强调太极拳的德治精神，引导学生遵循道义、礼貌待人，通过练习太极拳，培养他们宽容、尊重和团结意识，并促进大学生树立正确的人生观、价值观及世界观。太极拳课程思政教学设计参考案例见表 11-17。

表 11-17 太极拳课程思政教学设计案例

课程分类	具体内容	思政元素体现	融入时机
太极拳基本概述	通过 PPT 课件和视频进行讲授，让学生了解太极拳的起源，使学生了解太极拳发展和推广概况	爱国主义、文化自信、民族精神、责任担当	优秀人物案例
基本功（型、步型、掌型、腿法）	通过 PPT 课件和视频进行讲授，让学生了解太极拳的这些基本功的要点及背后的技击要义	学科素养：专业知识认知、严谨的探索精神以及公平的竞赛意识	基本功能够加速学习动作技术的进程。练习中要求动作做到标准且熟练，这就要求学生在学习过程中要认真严谨
太极拳呼吸练习	1.初级阶段：深呼吸、慢呼吸练习，注意力慢慢集中，专注当下	认真专注和谐包容	以健康层面为主，控制呼吸节奏，建立平衡、稳定心理，

续表

课程分类	具体内容	思政元素体现	融入时机
太极拳呼吸练习	2.泛化阶段：将注意力集中于身体的感受，表现呼吸柔缓 3.自动化阶段：使自己的注意力集中在某一点，动作与呼吸开始协调配合		注意力逐渐集中，认真专注当下
24式太极拳动作	1.泛化阶段：使学生能认读24式太极拳的术语名称，初步了解太极拳动作 2.分化阶段：掌握24式太极拳动作，动作正确连贯，劲力顺达，线路方位正确 3.自动化阶段：完全能掌握24式太极拳动作要领，结合音乐使动作能够配合呼吸，使呼吸促进动作的进行，两者完美结合。意会太极拳身形、身法、眼法	和谐包容 精益求精 服从意识 规则意识 持之以恒	太极拳教学中结合"无过不及，刚柔相济"来强调太极拳的用劲方法、太极拳每个动作的细化练习、课堂中的动作纠错、教师身范等
简单太极推手	1.泛化阶段：让学生了解太极拳推手特点及方法基本原理 2.分化阶段：掌握推手棚、捋、挤、按、采、例、肘、靠技术单个技术动作 3.自动化阶段：熟练完成推手比赛，对太极推手技法略有体会	竞争意识 规则意识	在太极推手教学中给学生进行推手比赛，比赛中需要两个人进行练习比拼。允许在规则限定范围内施展自身的技能，从中培养敬畏太极拳的规则意识

第三节 11门体育课程思政教学方案案例

1. 田径课程思政教案——以立定跳远为例

表 11-18 田径课程思政教案案例

教学目标	运动能力：能够通过本节课的学习掌握立定跳远的基本技术与方法，领会到跳远技术的动作要领。	
	思政目标：培养学生之间互相学习及团结协作的体育精神，锻炼学生形成自我研习和积极向上的人生态度。	
教学阶段	教学内容	课程思政育人目标
准备部分	体委集合整队，清点人数； 检查服装，师生问好； 宣布本次课的教学任务及要求、目的； 安排见习生活动； 热身活动与徒手操。	通过在课前的师生相互问好环节，强化学生尊师重道、以礼待人的优良品质。通过热身准备活动，时刻提醒学生，要养成运动前热身的好习惯，延长运动寿命，使运动的效率最大化。
基本部分	观看优秀运动员重要赛事中立定跳远的视频； 教师讲解示范立定跳远基本动作； 学生小组合作练习； 优生进行展示。	通过教学训练的学习，培养学生坚韧不拔、顽强拼搏的体育精神。使学生学会"懂比赛、学技术、会欣赏"的全方位体育素养。
结束部分	整队集合，放松活动； 本次课的课后小结； 布置课后作业； 回收器材，师生再见。	教师通过点出本节课教学中所存在的亮点，激发学生的学习兴趣，使其更加自觉地走出宿舍，走进运动场，从而养成终身体育意识。

2. 体育舞蹈课程思政教学方案——以套路教学为例

表 11-19　体育舞蹈课程思政教案案例

教学目标	运动能力：通过体育舞蹈课程的学练，使学生掌握有关体育舞蹈的基础知识、基本技能和锻炼方法。	
	健康行为：激发学生的个人能动性，提高学生创编、创新能力，培养学生学习体育舞蹈的兴趣。	
	体育品德：培养学生的团结合作能力，增强学生的纪律意识和体育精神。	
	思政目标：培养学生积极向上的精神、奋发拼搏的品质，提高学生的思想水平、政治觉悟以及文化素养。	
教学阶段	教学内容	课程思政育人目标
准备活动	整队集合； 师生问好、点名； 公布教学安排； 热身准备活动。	通过学生集合时的站姿问题导入体态对健康的影响以及终身体育锻炼习惯的提倡，引导学生建立科学的健康观。在公布本节课的教学安排时引出互相尊重的礼仪要求以及团队合作、规则意识。
基本部分	舞蹈套路动作教学； 专项体能训练。	强调配合的重要性，培养协作意识以及沟通能力；通过对舞蹈位移路线的强调深化规则意识以及对舞蹈文化的理解；预设舞会情境引出冲撞发生后的处理方式，领悟体育道德约束下的冲突解决方式以及体育精神。鼓励学生在套路中发现编排新动作的可能性，引导自主学习能力以及创新意识。在分组练习或比赛中强化集体意识与荣誉感；体能训练中强化不放弃、勇于挑战自我、超越自我的意志品质。
结束部分	相互致谢；集合放松；引导学生互相交流课程感受；布置课下作业。	进一步强调社交礼仪以及尊重意识；通过总结课程教学的完成情况点评本节课的思政元素在课程各个环节的实施，让学生身在其中去感悟内涵。

3. 健美操课程思政教学方案——以基本技术教学为例

表 11-20　健美操课程思政教案案例

教学目标	运动能力：掌握健美操基本练习方法，发展学生的协调性和柔韧性等，提高控制力与节奏感。	
	健康行为：通过理论知识、技术规则讲解和比赛视频赏析，提高学生的规则意识、自我约束能力和欣赏水平，养成健康的生活习惯。	
	体育品德：通过学练，培养学生团结协作、敢于拼搏、勇敢自信、挑战自我的精神品质。	
	思政目标：培养学生具有顽强勇敢、拼搏向上的的创新精神和互帮互学的集体合作意识，使学生在教学过程中实现全面发展。	
教学阶段	教学内容	课程思政育人目标
准备部分	课堂常规，集合整队，师生问好，点名，教师安排教学任务及要求，安排见习生；热身准备活动、徒手操。	端正学生的学习态度，发挥学生的主动性，使学生积极参与学习，培养学生的时间观念，树立正确的价值观。明确本次课的要求，使学生养成守规矩、尊礼仪的思想意识，培养学生成为守时、守信的人，培养学生相互尊重的意识，使学生端正学习态度，培养学生的纪律性。
基本部分	健美操教学包括基本手型、步伐、组合、成套动作学习；健美操的音乐学习、健美操组合的创编、展示、组织健美操比赛；流行操舞的拓展学习，如：学习搏击健美操、街舞、啦啦操、拉丁健美操等。	培养学生正确的审美观念、积极向上的精神，欣赏美的情操；培养学生的规则意识与体育道德，提高学生的参与积极性。在健美操创编中、培养学生的创新精神，发挥学生的主体作用；努力表现出健美操的动作美、姿态美、风度美；提高学生的积极性，使学生感到意犹未尽，激发学生的学习热情。
结束部分	集合整队，调整放松；引领学生总结课堂的学习成效；布置课后作业；师生互相行礼再见。	使学生调整呼吸，消除疲劳，促进学生身心健康发展，调节情绪，陶冶情操，激发学生参与学习，促进师生的情感交流，加强人际交往能力，使学生端正学习态度，树立坚定的理想信念，培养学生无私奉献、乐于助人的精神。

4. 体操课程思政教学方案——以基本技术教学为例

表 11-21　体操课程思政教案案例

教学目标	运动能力：通过体操课的学习，学生能够掌握体操基本的理论知识、技术和技能，具有教学方法的运用与组织指挥能力。	
	健康行为：提高学生的实践能力，能够从事体操实践工作，提高学生思想政治素养，使学生得到全面发展。	
	体育品德：激发学生的学习兴趣，端正学习态度，提高学习自主性，提升审美观念，养成尊礼仪、守规矩的习惯。	
	思政目标：培养学生团结合作、互帮互助、乐于奉献、坚持不懈、勇于创新和爱国主义等精神品质。	
教学阶段	教学内容	思政元素
准备部分	师生问好；集合整队；清点人数；教师宣布本节课的教学内容和要求，安排见习生；根据教学内容布置准备活动的内容。	主要是调动学生的积极性，激发学生兴趣，使学生养成懂规矩、尊礼仪的思想品质，纠正不良的、懒惰的学习态度，培养学生勤奋好学、刻苦钻研、大胆尝试的自信心。
基本部分	体操基本部分教学主要是单杠、双杠、跳跃和自由体操四项技术教学以及专项体能训练。	培养学生相互帮助、团结协作的精神，学会保护自我的安全意识。调动学生学习积极性，引导学生正确学习态度，树立远大理想，鼓励学生大胆探索新技术，敢于挑战自我，不怕苦不怕累，勇于拼搏进取的上进心精神。
结束部分	快速集合整队，组织学生进行放松；老师总结本次课的教学成果，师生相互交流学习心得；老师布置安排课后作业，师生行礼再见。	增强学生遵守礼仪的思想意识，调动学生学习技术动作积极性，激发学生自觉主动学习兴趣，纠正学生不良学习态度，树立正确的价值观，培养学生团结集体、相互帮助的无私奉献的精神。

5. 乒乓球课程思政教案设计——以推挡球技术为例

表 11-22　乒乓球课程思政教案案例

教学目标	运动能力：初步掌握推挡球动作技术要领，提高控球能力，发展学生的协调性、灵敏性。
	健康行为：学会通过体育活动等方法调控情绪，形成克服困难的坚强意志品质，养成终身体育的习惯。
	体育品德：通过不断学习、不断进步，树立自信心，学会相互协作，培养学生互助、团结、拼搏的精神，加强体育意识。
	思政目标：通过不断提高推挡球技术动作，培养学习坚韧不拔、顽强拼搏、追求卓越的优秀品质。使学生学会合作与交流，培养学生集体意识、团队合作。

教学阶段	教学内容	课程思政育人目标
准备部分	体委集合整队，师生互相问好； 教师清点人数，检查学生服装； 教师介绍本节课的教学任务、重难点并提出相应的要求。	培养学生讲文明尊礼仪、时间观念、纪律意识，提升学生学习的积极性，增加学生的自信心，增进学生之间的人际交往，提升学生的沟通交流能力。
基本部分	集体讲解推挡球技术的特点、做法、运用、易犯错误以及纠正方法； 分组练习，4—5人一个小组。在学生练习过程中教师进行个别纠正、集体纠正； 计个数比赛，各小组间对比对打个数，检验练习成果。	技术动作练习，培养坚韧不拔、追求卓越的体育精神。 分组练习，使学生学会交流合作，培养学生集体意识、团队合作。 回合计数比赛，培养学生争先创优的体育精神。
结束部分	集合整队，教师讲评，学生互评，放松性训练； 布置课后作业，师生行礼再见，回收器材。	培养学生讲文明尊礼仪、奉献精神，激励学生勇于争先、积极进取。

6. 羽毛球课程思政教案设计——以双打战术为例

表 11-23　羽毛球课程思政教案案例

教学目标	运动能力：使学生喜爱羽毛球运动，积极主动地参与羽毛球运动当中；基本掌握羽毛球的双打基本战术，具备一定的裁判能力和赛事欣赏能力。	
	健康行为：增强学生的健康观念，掌握科学的健身方法，形成良好的生活方式。	
	体育品德：培养学生遵守体育的道德规范和行为准则，诚实守信，形成乐观开朗、积极向上的人生态度。	
	思政目标：培养学生良好的专业自信及新时代工匠精神，激发学生的爱国主义情怀。	
教学阶段	教学内容	课程思政育人目标
准备部分	体委集合整队，师生互相问好，教师开始清点人数，检查学生服装；教师介绍本节课的教学任务、重难点并提出相应的要求；教师带领学生做热身准备活动。	培养学生讲文明尊礼仪，恪守规矩。提升学生学习的积极性，增加学生的自信心，增进学生之间的人际交往，提升学生的沟通交流能力。
基本部分	观看双打战术的PPT与比赛视频；采用比赛法，以班级分组的比赛形式进行团体双打比赛。	培养学生拥有健康心态、竞争意识、集体荣誉感、团结协作精神、顽强拼搏、追求卓越、永不言弃的精神。
结束部分	集合整队，教师讲评，学生互评，带领学生进行放松运动。宣布下节课教学内容，布置课后作业，师生行礼再见，让值班学生留下来清整训练场地卫生。	培养学生尊师重教、乐于助人、奉献精神，激励学生勇于争先、积极进取。

7. 网球课程思政教案——以正手击球为例

表 11-24　网球课程思政教案案例

教学目标	运动能力：通过本节课的学练，使学生基本掌握正手击球的技术动作，了解网球的基本知识。	
	健康行为：增强学生的健康观念，掌握科学的锻炼方法，形成坚强的意志品质。	
	体育品德：学生身体素质得到锻炼的同时，也培养了互帮互助，互相合作的体育道德。	
	思政目标：将教学内容结合思政元素，激励学生奋勇拼搏、努力向上、积极乐观，不断提高自身的道德品质和素养，培养学生的爱国主义精神和社会主义核心价值观。	
教学阶段	教学内容	思政元素
准备部分	体委整队、检查服装、报告出席人数； 师生问好，安排见习生，介绍本次课的教学重难点与目标任务； 热身准备活动。	培养学生的文明礼仪、尊师重道的精神，增强学生团结协作、集体主义荣誉感的意识。
基本部分	网球正手击球技术训练： 教师示范、讲解； 学生集体学习、互相帮助； 将思政元素融入网球正手击球的教学中，传播网球特色思政内容； 分组练习，进行击球过网的比赛。	教学设计利用网球积极进取、勇往直前等精神融入网球教学过程中。也可以采用专题形式，宣传网球人物李娜的体育精神，将其中蕴含的爱国主义、顽强拼搏、责任担当等进行思政点映射，培养学生自强不息、团结协作的奋斗精神。
结束部分	体委整队、回收器材； 教师对本次课教学进行总结分析； 布置课后作业，师生行礼再见。	提升学生学习热情，端正学习态度，培养学生之间的团结协作，养成终身体育的意识。

8. 排球课程思政教案——以正面上手发球为例

表 11-25　排球课程思政教案案例

教学目标	运动能力：通过学习排球正面上手发球，使学生熟练掌握发球的动作要领，可以正确口述出技术动作要点。	
	健康行为：通过排球运动学习，增强学生的健康观念，掌握科学的锻炼方法，形成良好的生活方式，全面增进学生的身体健康。	
	体育品德：培养学生吃苦耐劳、合作竞争的优秀素质。加强学生之间的合作和团结的集体精神。	
	思政目标：学习"女排精神"，在面对困境时表现出团结协作、顽强拼搏、勇于担当、积极向上的优良品质。	
教学阶段	教学内容	课程思政育人目标
开始部分	集合整队，体委报告人数；师生问好，检查服装，安排见习生；宣布教学内容，提出本课教学目标与要求；热身准备活动，预防受伤。	通过师生问好，使学生养成尊师重道，文明礼仪的优良品质；培养学生守规矩，懂礼貌的良好品德，并且养成正确的运动习惯。
基本部分	学生通过观看视频挂图进行探讨；教师进行讲解示范；学生进行分解练习；优秀学生进行展示。	培养学生的观察能力以及思考能力，认真细致、科学严谨的学习态度，树立体育道德，增强规则意识。通过练习，使学生勇于展示自我，更加顽强拼搏、精益求精。
结束部分	集合队伍，进行放松活动；教师总结本堂课程，布置课后练习；回收器材，师生再见。	培养学生的规则意识，养成文明礼貌的好品质，学会总结与反思，增强学生的服务意识与奉献精神。

9. 篮球课程思政教案——以双手胸前传接球为例

表 11-26　篮球课程思政教案案例

教学目标	运动能力：通过本节课的学习，使学生基本掌握双手胸前传接球动作方法与技术要领。		
	健康行为：发展学生的协调与灵敏等身体素质，掌握各项技术的应用时机与方法，提高动作示范及表达能力。		
	体育品德：培养学生的规则意识、竞争意识等，通过比赛形式培养学生正确看待输赢的体育道德与体育精神。		
	思政目标：通过本次课程的学习，使学生之间的团结协作意识得到提升，并能够在实践中相互帮助、相互交流合作。		
教学阶段	教学内容		课程思政育人目标
开始部分	集合整队，点名考勤； 宣布上课，师生问好，安排见习生； 教师讲述本节课的教学内容与要求； 热身慢跑，徒手操准备活动。		培养学生以礼待人、尊重老师、尊重他人的优良品质，弘扬并传承礼仪之邦的民族传统文化。 在热身环节中，培养学生针对训练目的展开热身的目标意识及正确训练的科学精神。
基本部分	教师进行讲解示范； 学生无球模仿练习； 组织学生分组练习，巡回指导，纠正错误； 优秀学生进行展示。		通过重复多次的友伴练习，培养学生团结友爱的体育精神，使学生了解传接球技术是篮球团队配合的精髓，灌输合作学练的理念，引导学生在练习过程中加强团结协作。
结束部分	总结本节课学练情况； 布置课后锻炼作业； 师生道别，收还器材，宣布下课。		加强学生的纪律性，培养学生从容沉稳的行为规范，提升爱护公物的自觉行为与责任担当的意识。

10. 足球课程思政教案设计——以脚内侧踢球为例

表 11-27　足球课程思政教案案例

教学目标	运动能力：通过本节课的学习，使学生初步掌握脚内侧踢球技术，发展学生灵敏、协调等能力。	
	健康行为：增强学生的健康观念，掌握科学的健身方法，形成良好的生活方式。	
	体育品德：培养学生的组织纪律性、集体意识和认真学习、刻苦训练的态度。	
	思政目标：培养学生之间团结协作、勇于担当，提高学生的集体荣誉感，理解真正的"足球精神"，增强爱国主义精神。	
教学阶段	教学内容	课程思政育人目标
准备部分	教师集合整队，点名考勤；宣布上课，师生相互问好；宣布本节课的教学任务与教学要求；安排见习生；慢跑热身与徒手操。	培养学生的集体观念和规则意识，养成尊师重道、尊重他人的优良品质，认真练习的态度。
基本部分	介绍脚内侧踢球；教师讲解示范脚内侧踢球动作；无球模仿、踢固定球；精准传球、发力传球。	增强学生学习的自主性，端正学习态度，激发学习兴趣；培养学生的集体观念和团队合作意识，形成互帮互助的良好学习氛围；锻炼学生坚持不懈、刻苦训练的精神和追求精益求精的工匠精神。
结束部分	集合整队，放松活动；教师进行课后总结；归还器材，师生道别。	使学生养成科学锻炼的观念，形成善于总结的学习习惯，树立坚定的理想信念。

11. 太极拳课程思政教案——以左右野马分鬃为例

表 11-28　太极拳课程思政教案案例

教学目标	运动能力：通过太极拳课程学习使学生掌握太极拳的基本手型、拳型、步型、脚法等基本功技法，学会结合动作领会每个太极拳动作的攻防含义。	
	健康行为：提高学生的健康意识，养成良好的锻炼、饮食、作息和卫生习惯，远离不良嗜好，预防运动损伤和疾病，树立终身体育思想。	
	体育品德：培养学生坚韧不拔、顽强拼搏的体育精神和遵守规则、文明礼貌、团队合作等良好的体育品德。	
	思政目标：在太极拳的学习和实践中，可以潜移默化地使学生领悟太极拳文化的内涵和价值，更能够培育学生地民族自豪感、自尊心和自信心，树立爱国、爱社会主义情怀。	
教学阶段	教学内容	课程思政育人目标
准备部分	集合整队，报告人数； 师生抱拳礼问好； 教师考勤，检查服装； 安排见习生； 热身准备活动。	在课堂常规活动中落实抱拳礼、考勤、检查服装等，可以加强组织性、纪律性教育，引导学生认真对待课堂，尊重老师，树立尊师重道的良好品格。
基本部分	教师完整示范和讲解，并提示要点和要求； 学生跟随教师练习动作； 相邻的同学相互观察和指导； 教师巡回指导，及时纠正学生错误。	在教学过程中，学生可能会感受到肌肉酸痛、身体疲劳，要通过教师耐心鼓励、细心指导帮助学生克服困难，培养学生吃苦耐劳、坚韧不拔、精益求精的良好品德。
结束部分	集合队伍，放松活动； 课堂小结，布置课后作业； 师生抱拳礼再见。	通过布置课后作业，引导学生主动思考太极拳运动的价值和作用，潜移默化地激发学生终身学习的意识，成为太极拳运动的传承者和守护者。

参考文献

[1] 中华人民共和国教育部. 关于印发《高校思想政治工作质量提升工程实施纲要》的通知[Z]. 2017-10-04. http://www.moe.gov.cn/srcsite/A12/s7060/201712/t20171206_320698.html.

[2] 中华人民共和国中央人民政府.教育部关于加快建设高水平本科教育全面提高人才培养能力的意见[Z]. 2018-10-18. http://www.gov.cn/xinwen/2018-10/18/content_5332026.htm.

[3] 中华人民共和国教育部.关于印发《高等学校课程思政建设指导纲要》的通知[Z]. 2020-06-01. http://www.moe.gov.cn/srcsite/A08/s7056/202006/t20200603_462437.html.

[4] 中共中央办公厅，国务院办公厅. 关于全面加强和改进新时代学校体育工作的意见和关于全面加强和改进新时代学校美育工作的意见[Z]. 2020-10-15. http://www.gov.cn/zhengce/2020-10/15/content_5551609.htm.

[5] 张洋，魏军. 立德树人视域下体育院校课程思政建设的价值与路径[J]. 沈阳体育学院学报，2020，39（6）：35-40.

[6] 张洋，张泽一，魏军. 高校体育课程思政：育人特性、实践样态与行动方略[J]. 体育文化导刊，2022（3）：104-110.

[7] 杨祥全. 铸魂育人：体育课程思政建设的紧迫性与自身优势探究[J]. 天津体育学院学报，2020，35（1）：13-16.

[8] 赵富学，焦家阳，赵鹏."立德树人"视域下体育课程思政建设的学理要义与践行向度研究[J]. 北京体育大学学报，2021，44（3）：72-81.

[9] 赵富学，黄桂昇，李程示英，等."立德树人"视域下体育课程思政建设的学理释析及践行诉求[J]. 体育学研究，2020，34（5）：48-54.

[10] 杨建营,冯香红,徐亚奎,等.体育教育专业武术课程思政元素及教学案例解析[J].西安体育学院学报,2022,39(1):122-128.

[11] 赵晶,闫育东,高江航.课程思政融入高校体育课教学的本源回归、价值塑造与路径思考[J].体育学刊,2021,28(5):89-93.

[12] 张明,袁芳,梁志军.体教融合背景下高校排球课程思政理论与实践研究——女排精神融入排球普修课程的设计[J].北京体育大学学报,2021,44(9):156-165.

[13] 章翔."三全育人"视域下大学体育俱乐部课程思政建设的学理基础与践行路径[J].体育学刊,2022,29(1):118-123.

[14] 赵富学,黄莉,王相飞.高校体育课程思政建设质量督导与评测[J].体育学刊,2022,38(1):8

[15] 郭风兰,王辉,臧留鸿,等.课程思政融入田径普修课线上线下混合式教学的实践探索研究[J].新疆师范大学学报(自然科学版),2023,42(03):74-82.

[16] 莫月红,黄中华.高职院校羽毛球课程教学改革的实践探索——以浙江经济职业技术学院为例[J].浙江体育科学,2022,44(05):73-78.

[17] 刘名远.高职院校羽毛球课程思政探索、设计与渗透融通[J].当代体育科技,2023,13(17):127-132.

[18] 郝志鹏.高校羽毛球"课程思政"元素开发与实践研究[D].山西大学,2024.

[19] 胡腾跃."课程思政"视域下"中华射艺"专业必修课教学设计研究[D].郑州大学,2023.

[20] 郭鑫遥.体育教育专业乒乓球课程思政教学设计研究[D].吉林体育学院,2023.

[21] 陈洋.体育教育专业网球课课程思政研究[D].重庆工商大学,2022.

[22] 黄丽群.基于项群理论的高职院校体育课程思政探索与实践——以难美类健美操课程思政为例[J].体育科技文献通报,2022,30(04):154-157.

[23] 宫美凤，张立臣，盛春媛，等. 高校健美课课程思政的实践与探索[J]. 体育科技文献通报，2022，30（10）：148-151+206.

[24] 赵桃杰. 立德树人背景下高校空手道课程思政建设的路径研究[J]. 体育视野，2022（04）：50-52.

[25] 岳风杉，文建生，蔡传喜. 教育目标分类指导下传统导引课程思政教学的底层逻辑与建设路径[J]. 哈尔滨体育学院学报，2024，42（02）：64-71.

[26] 周艳茹. 项群理论启示下普通高校体育课程思政元素的发掘与融入[J]. 当代体育科技，2023，13（11）：128-131.

[27] 李双. 大学公共体育羽毛球教学中融入课程思政元素的教学设计[D]. 云南农业大学，2023.

[28] 邢也健. 思政内容融入赤峰学院体育学院体操课程的教学设计与实践[J]. 赤峰学院学报（自然科学版），2022，38（02）：93-96.

[29] 谢伟，张矛矛，曹洪军. 基于项群理论的高校体育课程思政探索[J]. 体育学刊，2021，28（04）：86-93.

[30] 王坤，陈国壮. 高校公共体育课程思政元素内容体系构建与项群化应用——以上海交通大学为例[J]. 体育学刊，2024，31（01）：103-109.

[31] 郝鑫. 郑州大学体育教育专业乒乓球专项课程思政教学设计研究[D]. 郑州大学，2023.

[32] 毛爱华，贾鑫，郭星歌. 课程思政视域下大学体育足球选项课教学实验研究[J]. 体育科技，2023，44（01）：148-150+153.

[33] 张园，孙雨，余子义，等. 课程思政在高校公共足球课线上线下混合式教学中的探索与实践[J]. 运动精品，2023，42（10）：20-22.

[34] 喻强，黄鹤. 课程思政融入高校篮球教学设计研究[J]. 遵义师范学院学报，2024，26（01）：163-166.

[35] 赵志男，朱晓龙，朱焱. "课程思政"理念下高校篮球教学的实施路径与探析[J]. 当代体育科技，2022，1

[36] 孙思琦. 体育教育专业体操普修课课程思政元素挖掘与融入策略研究[D]. 武汉体育学院，2024.

[37] 刘世磊. 体育教育专业体操课程思政元素挖掘与课堂教学案例解析[J]. 运动精品，2023，42（12）：36-41.

[38] 林景锋. 浙江省高校体育教育专业排球专修课课程思政的路径研究[D]. 杭州师范大学，2023.

[39] 伍醒，顾建民. "课程思政"理念的历史逻辑、制度诉求与行动路向[J]. 大学教育科学，2019（03）：54-60.

[40] 伍强瑞，柯心. 回顾与展望：高校"课程思政"实施效果评价的研究述评[J]. 高教学刊，2021（5）：171.

[41] 许祥云，王佳佳. 高校课程思政综合评价指标体系构建——基于CIPP评价模式的理论框架[J]. 高校教育管理，2022，16（1）：47-60.

[42] 高凌飚，钟媚. 过程性评价：概念、范围与实施[J]. 上海教育科研，2005（9）：1.

[43] 蒋梦琦. 高校体育"课程思政"教学推进路径研究[D]. 郑州大学，2023.

[44] 英汉. 高职院校太极拳课程思政元素的挖掘与融入研究[D]. 云南农业大学，2023.

[45] 涂艳国. 教育评价[M]. 北京：高等教育出版社，2007.

[46] 田麦久. 运动训练学[M]. 北京：高等教育出版社，2017.

[47] 田麦久. 项群训练理论的创立与发展（1983—2013）[M]. 北京：北京体育大学出版社，2013